KB143211

선善, 그리고
악惡의 논쟁

선善, 그리고 악惡의 논쟁

무엇이 선이고, 무엇이 악인가

김근호 지음

글항아리

그동안 선善이라는 주제는 유학에서 비중 있게 다루어지지 않았다. 하지만 선에 대하여 유학자들은 그것이 본성으로 갖추어진 생득적이라는 점과 우리가 지향해야 할 인간다운 삶의 목적이라는 점을 받아들였다. 그들은 선을 지극히 당연한 가치라 여기고, 이것에 대해 특별한 반론도 제기하지 않는다. 다만 유학자들은 태어나면서부터 죽을 때까지 자신이 얼마나 선한 삶을 살아왔는지에 대해 서로가 글로서 평가한다. 이것은 그들이 선을 논의의 대상으로 삼기보다는 바다의 등대 같은 삶의 지향점이자 실천의 대상으로 받아들여 왔음을 짐작케 한다.

그럼에도 불구하고 유학자들의 사상 속에 설명된 선善에는 미묘한 차이가 나타난다. 선은 공자의 인仁 사상으로부터 맹자, 순자, 주희를 거치면서 도덕적 정당성과 제도적 정당성을 확보하고, 더 나아가 실재적 마음으로 자리한다. 또한 퇴계 이황과 율곡 이이, 다산 정약용을 거치면서는 어떻게 바르게 실천할 수 있는지에 대한 실천적 이론이 완성되고, 그 행위의 결과에 따른 책임과 처벌이 어떻게 정당화될 수 있는지에 대한 사회적 이론이 형성된다. 따라서 유학사 속에서 선善에 대한 사상적 흐름을 보다 면밀하게 연구하여 기술할 필요가 있다.

유학이 사람을 우선하며 사람들과 더불어 살고자 했던 학문이라는 점을 상기해보면, 유학에 나타난 선善의 사상사적 흐름을 살펴보는 것은 현대 사회의 시민들이 그들의 삶을 주체적이고 능동적으로 살아가는 데 혜안으로 작용할 수 있을 것이다. 이 책을 통해 유학의 선善을 살펴보고자 하는 이유도 여기에 있다.

유학에서 말하는 '선'이란 무엇인가? '선한 것'은 어떻게 판단할 수 있는가? 인간은 그것을 지향해야 하는가? 지향해야 한다면 그것을 어떻게 정의할 수 있는가? 그리고 정의된 그것은 어떻게 정당화될 수 있는가? 정당화된 선은 어떻게 실천할 수 있는가? 이 책에서는 이와 같은 질문들에 대한 답을 찾아보고자 한다. 그 답을 제대로 찾았는지에 대해서는 아쉬움이 남는다. 보다 면밀한 사상사적 검토가 필요함에도 몇몇 인물을 검토하는 데 그쳤고 그 인물을 자세히 들여다보는 일에도 부족함이 있었다.

한국국학진흥원의 박경환 선생님으로부터 처음 청탁을 받았을 때는 의욕이 앞서 흔쾌히 수락했지만 정작 집필하면서는 여러 가지로 번민했다. 우여곡절로 인해 집필 시간에 압박을 느꼈고 연구 역량의 부족함에 원고작업도 지지부진했다. 게다가 고자孤子가 되는 슬픔까지 겪으면서 내용조차 충실히 검토하지 못했다. 이에 차후의 기회로 미루고자 했으나, 최은주 선생님과 강성민 대표님의 배려로 부족한 원고를 세상에 내놓게 되었다. 가급적 원전으로만 집필하려 했던 필자의 의도로 인해, 윤사순 선생님을 비롯하여 동양 사상을 앞서 연구하셨던 학자들의 결과물을 참고하면서 일일이 주석을 달지 못한 점도 송구하다. 외람되지만 이 책의 부족함이 같은 길을 걷는 연구자들과 독자들의 혜량과 질정으로 대신 메워질 수 있기를 바라는 마음이다.

마지막으로 영정조차 갖추지 못한 채 고인이 되신 아버님과 새로운 삶의 방식을 익히셔야 하는 어머니, 그리고 누구나 한번 겪어야 하는 그 가슴 시린 과정을 오늘도 함께해주며 이 책의 집필에 묵묵히 마음의 버팀목이 되어주고 있는 아내 배수임, 아들 재원, 딸 정원에게도 고마운 마음을 전한다.

2017년 12월 14일
아버님의 마지막 길을 배웅하고서

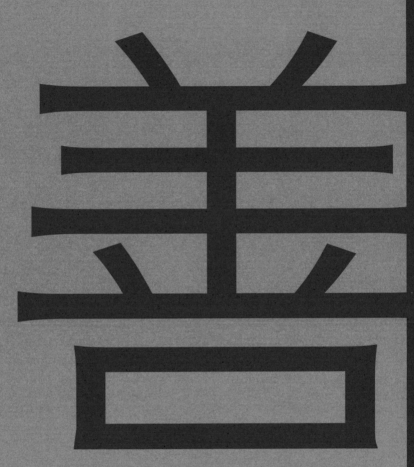

1장

善

풀이하는 글

1.
선善과 유학

선善이란 무엇인가? '좋다' '착하다' '올바르다' 등 일상의 언어에 담긴 긍정적인 가치로, 선행이나 미담에서 쉽게 떠오르는 개념이다. 악행이나 악한 광경을 경험할 때 상대적 가치로서 인지하기도 한다. 선은 대개 일상적 언어나 행위, 사회현상 속에서 경험적으로 인지하지만, 도덕적 영역에서는 논란이 되는 가치다. 그런데 도덕적 선을 정의하는 데 난점이 있다.

선善의 전도사가 되어 학생들에게 선이 무엇인지를 강연한다고 가정해보자. 선을 어떻게 설명할지 고민될 것이다. 아마도 대개는 미담을 소개하며 '이런 행위가 선이야'라고 설명하거나 혹은 학교 폭력이 왜 나쁜 것인지를 설명하며 '이런 것을 하지 않는 것이 선이야'라고 결론지을지 모른다. 강연이 끝난 후 학생들은 과연 자신들이 맞닥뜨린 강연장 밖 현실에서도 선을 판단하고 실천할 수 있을까? 강연의 사례와 현실이 유사하다면 학생 스스로 어떤 행동이 선인지 추론할 수도 있겠지만 학생들이 맞닥뜨리는 현실은 오히려 미담의 상황과는 유사하지도 않을 뿐만 아니라 시간의 흐름만큼이나 다양하게 변화한다. 결국 다양하게 변화한 현실로 인해 자율적으로 선을 판단하는 데 어려움을 겪을 것이다.

도덕적 판단이 매번 변화하는 현실을 수동적으로 따라가면서 선善을 실천한다는 것은 불가능에 가깝다. 도덕적 판단 주체로서 학생 스스로 선을 이해하고 그 선을 기준으로 현실에 능동적으로 대응할 때 선의 실천이 가능할 것이다. 따라서 선 자체에 대한 정의는 이론적 영역에서뿐만 아니라 실천의 영역에 있어서도 중요한 문제다.

선에 대한 정의나 판단 및 실천 등은 기본적으로 도덕적 영역에 속한다. 이것은 과거의 문제가 아니라 현대 윤리학의 영역에서도 여전히 중요한 논제다. 현실에서 선善의 영역을 어디까지 한계 지을 수 있는지, 예컨대 개인의 사적 영역에서의 생각이나 행위가 선의 영역에 포함될 수 있는지, 혹은 선은 의식적 판단까지만 포함할 것인지 등에 대한 논란이 있다. 보다 근본적으로는 선은 무엇인지 그리고 정의된 선은 현실 속에서 기능할 수 있는 것인지에 관한 논란도 있다. 선·악의 판단이 행위의 결과로서 결정해야 하는 것인지, 아니면 인간의 의식이나 동기로부터 결정할 수 있는지 등이 그러한 논란이다. 또한 기존 도덕적 규범들이 누구나 지켜야 하는 보편적인 것일 수 있는지, 새로운 현실에 적용할 규범들은 어떻게 만들 수 있는지 등도 도덕적 논제다. 선의 실천을 위한 규범과 선·악의 판단 기준, 선의 정의에 관한 문제 등은 근본적으로 '선善은 무엇인가'라는 질문으로부터 시작된다.

근대 이후 현대 사회에서는 인간의 의식보다는 행위로 드러난 결과로서 도덕적 정당성을 판단하고 도덕적 규범의 준수를 행위 주체에게 요구한다. 그러나 도덕적 의무로 요구하는 규범들로는 행위 주체가 도덕적 판단을 하기 어렵다. 개인주의적 삶의 방식이 자기중심적 사유로 이어지면서 규범, 즉 의무로서 제시된 것만 지키면 도덕적 책임은 다한 것이라고 생각하는데, 이것이 도덕적 한계의 일면이다. 도덕적 규범의 영역에서 타인에 대한 소소한 배려나, 공동체 내지 공적 영역에서 필요한 희생적 행위들을 요구하기 힘든 것이 그 한 사례다.

현대 윤리학에서는 규범 윤리의 한계를 극복하기 위한 해법으로 행위자 중심의 덕윤리를 모색했다. 공동체주의를 기반한 덕윤리가 개인주의에서의 규범 윤리의 한계를 극복할 수 있는 대안으로 여겨졌다. 그러나 유덕有德한 자에게 도덕 판단을 일임하게 되면서 오히려 합의된 규범마저 모호하게 만들 우려를 낳았다. 즉 규범윤리의 강점들이 덕윤리에서 약화되는 문제를 드러낸 것이다. 덕윤리 이론은 규범윤리의 한계를 극복할 수 있는 가능성이 있지만 해결해야 할 도덕적 문제들이 여전히 상존한다는 점에서 현재 진행형이라고 할 수 있다.

유학은 기본적으로 덕을 중시하는 도덕관을 지녔지만 아리스토텔레스의 덕을 계승한 현대 덕윤리와는 차이가 있다. 일례로 아리스토텔레스를 계승한 덕윤리의 경우 폴리스 시민으로서의 요건이 덕으로 제시되지만 유학은 생득적으로 주어진 인간 본성을 덕이라고 보았다. 그리고 덕윤리에서 말하는 시민으로서의 신분을 특징짓는 덕과 달리 유학에서의 덕은 다른 존재와 구별되는 인간만의 도덕성으로 정의된다. 덕을 인간다움의 근거로 삼고 인간의 감정으로부터 행위로까지 확대해가는 것을 공부방법으로 삼았다. 더 나아가 인仁 혹은 인의예지仁義禮智로 구체화된 덕의 실현을 통해 도덕적 인격의 완성자인 성인聖人을 지향했다.

유학에서는 이처럼 선善을 인仁이나 덕德으로 환원하여 논의했다. 인이나 덕이 유교 도덕의 가치라는 측면에서 그것이 곧 선과 등가의 관계로 이해되었던 것이다. 덕과 선을 엄밀히 살펴보면 등가의 관계로 보는 데 난점이 있다. 덕은 관념적 실재로서 이해되지만 선은 도덕적 상황까지도 포괄한다. 그런 점에서 선이 덕보다는 도덕적 범위에 있어서 포괄적이라고 할수 있다. 다시 말해서 덕이 인간 본성을 규정짓는 실재로 이해된다면 선은 그 덕을 포함하여 인간 의식 외의 외적 상황의 당위성까지 포괄하는 것이다. 그러므로 선의 관점에서 유학의 도덕관을 살펴볼 필요가 있다.

2.
선善의 어원적 의미

'선善'이라는 글자에는 다양한 의미가 있다. 맥락에 따라서 '아름답다'거나 혹은 '성품이 좋다' '잘한다' '옳다' 등 다양하게 해석되는 글자다. 도덕적 영역에만 그 의미가 국한되지는 않는다. 따라서 선이 악과 대비되는 상대적 개념으로 정립된 것이라고 보기 어렵다.

선善과 악惡은 글자의 어원에서 볼 때 출현 시기가 다르다. 선이라는 글자는 갑골문에서도 관련 글자를 확인할 수 있는데 비해 악惡이라는 글자는 시기적으로 뒤늦은 전문篆文에서 나타나고 있다. 어원적 관점에서 보면 악이라는 글자가 나타나기 전까지 선善은 다양한 의미로 사용되면서 각각 그 의미마다 상대적 개념들이 있었다. 불능不能, 불선不善, 추醜 등이 상대적 개념으로 사용되었는데, 이들 개념들은 후대에 도덕적 개념인 악惡이라는 글자로 통합되면서 선과 상대적 개념으로 표현되기도 했다.

위의 갑골문을 보면 양의 편안한 눈을 묘사했다. 금문에 가면 양의 머리모양을 상형화한 '양羊'과 말소리를 상징하는 '음音'이 합해진 글자가 되는데, 대개 말이 편안하고 친절한 것을 표현했다. 이와 달리『설문해자說文解字』에서는 '아름다울 미美'와 동일한 의미로 보기도 한다.

미美라는 글자의 갑골문은 머리의 장식을 상형한 글자로 '아름답다'는 의미다. 이 글자는 '좋다' '즐기다' 등 긍정적 의미로까지 확대되어 이해되었다. 눈으로 보았을 때 아름다운 것으로, 어떤 대상이 자신에게 불러일으키는 예술적 감정을 함축하고 있다.『설문해자』에서 '미'가 긍정적 가치를 내포하고 있다는 측면에서 '선'을 '미'로 풀이한 이유를 짐작할 수 있다. 이것은 서양이 미와 선을 구분하여 보는 맥락과는 차이가 있다.

'악惡'이라는 글자는 갑골문이나 금문에서 아직까지 발견되지 않았다. 전문에서야 발견되는데, 그 의미는 '추하다' '미워하다' '더럽다' '나쁘다'

선善, 그리고 악惡의 논쟁

등 '선'과 상대되는 개념이다. 어원상으로는 '악'이 후대의 글자이기 때문에 '악'이 선의 상대어로 쓰이기 이전까지 악을 대신한 개념들이 따로 있었다. 불능, 불선, 추 등이 선의 상대어로 쓰였다.

추醜라는 글자는 갑골문에도 나타나는데, 술 취한 후의 사람 얼굴로 보기 싫은 것을 말한다. 대개 '싫어하다' '미워하다' '증오하다'라는 감정과 관련하여 증오, 염오, 모욕, 분노 등으로 쓰였다.

선이라는 글자와 그 상대어들을 보면 그 의미가 인간의 기본적인 감정에 근거하고 있다. 또한 기본적인 인간의 감정을 근거로 선이 성품이나 예술적 영역으로까지 확대되어 사용되고 있음을 알 수 있다. 이것은 도덕의 영역과 비도덕의 영역을 구분하는 서양과 달리, 인간의 감정으로부터 성품이나 예술적 영역 등으로까지 도덕의 영역이 확대될 수 있는 가능성을 함축하고 있다.

3.
인仁을 통한 선善의 실현: 공자의 선

　　다양한 의미를 내포한 '선善'이 도덕적 가치로서 주요
하게 사용되는 사례는 『논어』에서 두드러지게 나타난다. 공자가 순임금과
무왕의 음악에 대해 논하면서 '미美'와 '선善'을 모두 갖춘 것은 순임금의
음악인 소韶이고, '미'는 갖추었으나 선을 갖추지 못한 것은 무왕의 음악인
무武라고 평가했다. 이때 선은 치세의 성대함을 표현하는 '미'와 달리 치세
의 도덕적 완성을 말한다. 선은 덕치를 통해 치세를 이루며 태평성대를 이
룬 순임금을 평가한 말로, 단순히 음악만이 아니라 순임금과 무왕의 정치
까지 평가했다.

　　어원적으로 보면 미와 동의어처럼 쓰였던 선을 구별하고 있는 것이다.
이렇게 선이라는 가치는 음악이나 정치, 더 나아가 인물에 대한 평가까지
포괄하는 개념으로 자리한다.

　　공자는 도덕적 기준으로 사람을 평가할 때에도 미묘한 차이를 두고 있
다. 도덕성을 갖춘 사람을 성인聖人, 군자君子, 선인善人, 유항심자有恒心者 등

으로 말하는데, 성인은 도덕적 인격이 완성된 경지의 선비이고 군자는 성인의 자취를 따르며 덕을 실천하는 선비다. 유항심자는 도덕심을 잃지 않으며 행동과 말에 거짓이 없는 사람이다. 선인은 유항심자와 성인·군자의 중간 단계에 있는 사람으로 선을 실천하지만 성인의 학문을 배우지 않는 사람이다. 다시 말해 항상 변치 않는 마음恒心은 인간의 본심이기 때문에 이것이라도 유지하는 사람은 유항심자이고, 이것을 적극적으로 실천하는 사람은 선인이며, 실천뿐만 아니라 성인을 배우며 그것이 무엇인지를 인식할 수 있는 자가 군자다. 따라서 선인이라 하더라도 유학이 추구하는 성인이 되기 위해 배워야 하는 사람이다.

유항심자와 선인, 군자와 성인은 모두 선을 실천하는 사람들이지만 선인과 유항심자는 그 실천적 영역이 개인에게 머물러 있다면 성인과 군자는 사회적 영역 이상으로까지 확대되고 있다. 전자는 그 선을 직관적으로 체득하고 실천하기 때문에 그 체득한 선을 객관적으로 혹은 합리적으로 정당화하지는 못한다. 이와 달리 후자는 성인의 학문을 바탕으로 지적 영역에서 선을 추구한다.

도덕적 인간이 선을 실현하는 방법은 무엇인가? 또한 선은 무엇인가? 항심보다 못한 가치를 지닌 것은 어떤 것인가?

공자는 인仁이라는 덕에 뜻을 두어야 악惡이 없어진다고 말한다. 덕을 지향하면 악의惡意가 없다는 것인데, 이것은 선에 대한 소극적 해석이라고 볼 수 있다. 악의가 없는 것이 선행의 전제가 될 수 있지만 그것이 곧 선행이라고 할 수는 없기 때문이다. 인에 뜻을 둔 인자라고 해서 악이라는 행위를 하지 않는 것은 아니지만 인으로 인해 악행의 가능성을 근본적으로 막을 수 있다고 보았다. 이것은 악행을 악의에 기반하여 이루어지는 것이라고 본 것이다. 따라서 악행을 막기 위해서는 인간 내면의 의지에서부터 시작해야 한다.

악행은 누구나 저지를 수 있지만 그것을 반복하지 않고 선으로 고치려면 어떻게 해야 할까? 공자는 인이라는 선한 덕에 뜻을 두고 인격을 도야하는 인자仁者가 되어야 한다고 말한다. 인자가 되면 사회적 관계망에서 발출하는 감정들이 도덕적일 수 있다고 한다. 누군가를 좋아하고 싫어하는 감정은 인간에게 자연스러운 감정이지만 그것조차 도덕적일 수 있는 사람이 인자다. 인자의 감정은 일반적인 감정과는 달리 도덕적 판단에 근거한 결과라고 볼 수 있다.

인자의 감정은 도덕적 선이면서도 그 감정 자체가 도덕적 판단의 근거다. 좋아하고 미워하는 일반적인 감정과 인자의 감정이 비록 차이가 있지만 근원적으로는 도덕적 판단의 기준이 된다. 마을 공동체 내에서 모든 사람이 좋아하는 대상이 일반적으로 선이고 미워하는 대상이 악으로 규정하기 때문이다. 다만 공동체 사람들이 좋아하고 미워하는 대상이라고 하더라도 선악의 판단에 있어서는 신중히 살펴야 한다. 또 하나의 장치로 선하다고 누구나 인정하는 선인이 좋아하는 것, 불선하다고 인정하는 악인이 미워하는 것 등으로 구분하기도 한다. 이렇듯 선악의 판단은 인간의 일반적인 감정에 근거하고 있다.

비록 인간의 감정에 근원하여 선악을 판단하지만 최종적으로는 도덕적 인격을 갖춘 선자에 의해 선악이 결정된다고 할 수 있다. 선악의 최종적 가치판단이 군자 이상의 유덕자有德者에 의해 이루어지기 때문이다. 성인이 미워하는 것이 악이고, 좋아하는 것이 선이다.

성인도 미워하는 것이 있을까? 미워하는 것은 무엇인가? '남의 흠을 들 춰내거나, 낮은 관직에 있으면서 윗사람을 비방하고, 용감하지만 예의가 없는 난폭한 행위나 과감하지만 융통성 없는 행위' 등을 미워한다. 군자가 미워하는 이러한 대상이 악이라고 지목된다. 남과의 관계 혹은 관직에서 의 처신, 일 처리에서의 방식 등 공적 영역에서도 이것은 통용된다.

정치에 있어서도 사악四惡을 경계하는데, '학虐' '폭暴' '적賊' '유사有司나 하는 짓'이 있다. '학虐'은 미리 법령을 알려주지 않고 법령을 어긴 자를 사 형시키려는 것이고, '폭暴'은 미리 경계할 바를 알리지 않고서는 성과를 따 지는 것이고, '적賊'은 명령 내리는 것을 태만히 하고는 마감 기한을 각박하 게 다그치는 것이며, '유사나 하는 짓'은 어차피 주어야 하는 것인데도 인 색하게 구는 것을 말한다.

사적 영역에서는 '없으면서 있는 척하거나, 비었으면서도 가득 차 있는 척하는 행위, 인색하면서 너그러운 척하는 행위' 등을 경계하고 있다. 자신 이 처한 현실과 남들에게 보이는 행위가 다른, 흔히 표리부동表裏不同하여 진정성이 없는 위선적인 자를 말한다.

그러므로 선은 군자의 미움의 대상이 되는 이와 같은 악을 행하지 않는 것을 의미한다. 정치적 영역을 포함한 공적 영역에서의 악행은 도덕규범으 로서 제어할 수 있지만 사적 영역에서의 악은 타율적 통제가 어렵다. 공자 가 보기에 '있는 척' '가득 찬 척' '너그러운 척'하는 위선적 행위는 내면이 추구해야 할 가치를 현실적인 풍족함에 두려는 데 근본적 문제가 있다. 공 자는 위선적 행위의 원인을 마음의 진정성 유무에서 찾았다. 내면의 가치를 인과 같은 덕에 둘 때만 선이 실현될 수 있는 것이다.

사회적 규범과 인간의 덕이 상충할 때 무엇이 더 우선하는가? 초나라 대부인 섭 땅의 섭공葉公이 공자에게 '정직直'에 대한 사례를 제시한 데서 확인할 수 있다. 섭 땅에는 아버지가 양을 훔치는 것을 아들이 목격할 경우 그 아들이 그 아버지의 죄를 증언하고 있다며 섭공이 공자에게 자랑한다. 이에 대해 공자는 오히려 자식은 아버지를 위해 그 죄를 숨겨줘야 한다고 답한다. 공자는 '정직'이라는 가치는 그와 같은 행위 속에 담겨 있다고 강변한다. 사회 규범보다 인간의 덕, 즉 인간 내면의 가치를 근본적인 것으로 보았다. 공자에서부터 중시되어온 유교 문화의 예禮과 악樂 등에서도 마찬가지다. 섭공은 외형적, 객관적 법률을 준수하는 자를 정직한 인간으로 보았지만 공자는 오히려 법을 지키는 것보다 인간 내면의 도덕률을 자율적으로 지키는 자를 정직한 인간으로 보았다.

문제는 그 내면의 도덕률을 어떻게 마련하는가다. 또한 인간 내면의 도덕률이 곧 선이라는 점에서 그 도덕률이 무엇인가라는 문제는 공자에겐 중요한 도덕적 문제였다. 인仁에 뜻을 두는 것이 근원적 악을 막는 것임을 상기한다면, 공자에게 선은 곧 인이라는 것을 알 수 있다. 인이란 무엇인가? "사람을 사랑하는 것愛人"이다. 어떻게 타인을 사랑할 수 있는가? "자신이 서고자 하면 남도 서게 하고, 자신이 통달하고자 하면 남도 통달하게 해주는 것"이고, "자기가 하고 싶지 않은 일을 남에게 시키지 않는 것"이다. "자기 입장에서 생각한 것을 미루어 타인을 배려하는 태도能近取譬"가 바로 인의 도덕률이며, 이것을 선이라고 할 수 있다.

자기 입장을 타인에게까지 확장하여 사고하는 능근취비能近取譬의 태도에는 보편적 가치로서 인간에게 인仁이 내재해 있어야 한다. 인간의 보편적 가치가 전제되지 않으면 자기 입장에서 심사숙고한 도덕적 가치가 타인에게는 정당하지 않을 수 있기 때문이다. 하지만 공자는 이 문제에 대해서는 논하지 않았다. 이 문제는 맹자에 이르러서야 비로소 논의된다. 오히려 공자는 이 도덕률을 실천하는 데 더욱 집중하고 있다.

공자는 인仁의 실천방법으로 극기복례克己復禮를 제시한다. 자신의 사욕을 극복하고 예라는 객관적 규범에 맞게 행위할 수 있는 것을 인仁의 실천이라고 말한다. 인의 실천에서 중요한 특징은 행위자의 도덕적 의도와 행동을 중시한다는 것이다. 외적 조건이나 행위 결과 및 효과를 중시하지 않는다. 따라서 공자가 말하는 인의 실천은 대개 행위자의 도덕적 마음가짐과 자세를 일컫는다.

인에 뜻을 둔 성인·군자는 자신의 삶이 잠시도 인仁을 떠나서는 안 된다고 말한다. 인은 죽음으로써만 끝날 수 있는 것이라고 보았다. 공자와 같은 성인도 자신의 불선不善을 고치지 못할까 근심했다. 유학의 도道을 자임하는 성인과 군자는 일생을 통해 내면의 도덕률을 실천하며 일상의 모든 행위가 도덕적 가치를 자연스럽게 행위하는 경지에 이르도록 수양했다. 따라서 선은 하나의 행위로 완성되는 것이 아니라 지속적인 내면의 의지와 그 의지를 실천으로 자연스럽게 이끌어낼 수 있도록 하는 것이다. 공자도 불선을 고치지 못할까 근심한 것은 불선했다기보다 그것을 스스로 깨닫고 다시 반복하지 않도록 한다는 의미였다.

그런데, 왜 선을 지향해야 하는가에 대해서는 분명하지 않다. 도덕적 인격의 완성자로서 요·순·우를 높이 평가하고 있지만 그러한 도덕적 경지를 왜 추구해야 하는지에 대한 도덕적 정당성은 분명히 밝히지 않고 있다. 인仁의 도덕적 정당화는 순자나 맹자에 이르러야 분명하게 나타난다.

선善, 그리고 악惡의 논쟁

4.
도덕적 정당성으로서의 선한 본성: 맹자의 선

공자 이후에 왜 선을 지향해야 하는가라는 문제는, 인성人性의 문제와 함께 부각되었다. 선과 악에 대한 판단이 인간의 호오好惡의 감정에 근거할 수 있는 이유가 무엇인지도 맹자의 시대에 나타나게 된다.

맹자는 선을 '하고자 할 만한 것可欲'이라고 규정하는데, '하고자 할 만한 것'이라는 의미는 모호하다. '가욕可欲'은 '해야 하는 행위'와 '하고자 하는 마음'을 포괄하는 의미인데, 이 선의 의미는 모호할 수밖에 없다. '행위'로서의 선은 도덕규범의 준수 여부로 확인할 수 있지만 '마음의 작용'으로서의 선은 그렇게 확인할 수 없다. '마음의 작용'은 객관적으로 확인하기 힘든 주관적인 것이기 때문이다. '마음의 작용'에 대한 선善을 객관적으로 확인할 수 있는 타당한 근거가 마련되지 않는 한 맹자의 선은 불완전한 것이 된다.

그렇다면 맹자는 '마음의 작용'으로서의 선을 어떻게 입증할까? "어린아이가 우물에 들어가는 위급한 상황孺子入井"을 설정하여 그 선을 입증하고 있다. 우물이 위험한 줄 모르고 아이가 그 속으로 엉금엉금 기어들어가는 상황이다. 이 광경을 조금 떨어진 곳에서 목격한 사람이라면 누구나 놀라며 측은한 마음을 갖게 된다는 게 맹자의 이야기다. 목격자는 이 광경을 보는 즉시 마음이 급해지고 측은해지며 구하게 되는데 그 상황에 대한 어떠한 이해득실도 따질 겨를이 없다. 맹자는 목격자의 내면에서 순식간에 일어나는 순수한 감정을 내적 기제로부터 발현된 결과물로 본다. 인간 내면에 본래부터 있는 어떤 것이 외적 자극에 의해 발출된 것이 측은한 감정이라고 본 것이다. 맹자는 이를 인간 본연의 본성이라고 본다. 그리고 측은한 감정이 순수하고 선한 감정이라는 것을 통해 인간 본연의 본성도 순수하고 선한 것이라고 확증했다.

유자입정孺子入井의 논증은 인간이면 누구나 이러한 감정을 가지고 있다는 것과 이 감정이 인간 본성으로부터 발출하는 것임을 밝히고 있다. 인간의 보편적 감정을 설정하고, 보편적 감정의 근원이 인간 본성임을 말한 것이다. 능근취비能近取譬의 태도에서 공자가 말하지 않았던 인간의 보편적 가치를 맹자는 인간의 선한 본성으로 규명했다. 맹자는 이 논증을 통해 사단四端이라는 네 가지 도덕적 감정을 제시하고 그에 따라 인간의 본성도 인仁·의義·예禮·지智의 네 가지 덕四德으로 상정했다. 이 사단은 인간이면 누구나 사지四肢를 가진 것처럼 반드시 지니고 태어나는 것이다. 따라서 사단이 없는 사람은 인간이 아니라고 언명하며 인간다움의 근거를 사덕四德에 두었다.

사덕은 생물학적 욕망보다도 강한 인간의 욕구라고 한다. 인간이면 누

선善, 그리고 악惡의 논쟁

구나 살고 싶고 죽는 것을 싫어하는 본능적 욕망이 있는데, 인간만은 살고자 하는 욕망보다 강하게 하고 싶은 무엇이 있고, 죽기보다 싫은 무엇이 있다고 한다. 예컨대, 한 그릇의 밥과 국을 구걸하면 살 수 있다 하더라도, 개밥보다 못한 것을 던져주는 경우라면 걸인이라도 달가워하지 않는다. 이때 그 달가워하지 않는 마음이 인간의 도덕적 감정이라고 한다. 달갑지 않은 그 마음은 도덕적 정당성을 확보하지 못한 행위에 대한 부정적 감정이다. 그리고 도덕적 정당성을 확보한 행위에 대해서는 선한 긍정적 감정이 생긴다고 보았다.

맹자는 인간 본성의 보편성을 논증하고 더 나아가 왜 인간이면 선을 지향해야 하는지를 밝힌다. 인간은 선한 본성을 지니고 태어났으며, 이것이 금수와 다른 인간의 특성이기 때문에 선을 지향한다는 것이다. 이 본성을 잘 보존하여 확충하지 못하면 금수와 같은 상태가 되는데 그러한 사람을 망인亡人이라고 불렀다.

그렇다면 선한 마음을 가지고 생물학적 본능보다 강한 욕구에 의해 선한 행동을 해야 하는 인간이 그 본성에 따라 살지 못하는 현실의 모습을 맹자는 어떻게 설명할까? 맹자는 우산의 나무에 비유하여 설명했다. 제나라 동남쪽에 있는 우산牛山에 아름다운 재목이 많았다. 그런데 도심 외곽에 있어 관리가 소홀해져서 벌목하는 사람이 늘었고, 이에 따라 아름다운 나무들이 사라져 점차 민둥산이 되어갔다. 비록 밤에 나무가 성장하고 싹도 났지만 날이 밝으면 방목된 소나 양들에 의해 그 싹마저도 사라졌다. 애초에 좋은 재목이 없었던 것이 아니라 관심을 두지 못한 산이다 보니 민둥산이 되었던 것이다. 이것은 선한 본성을 가진 인간이 본성대로 살지 못하게 된 현실을 비유적으로 해명한 것이다.

인의예지仁義禮智의 선한 본성을 지니고 태어난 인간이라면 스스로 그것을 의식하고 그 본성에 근거하여 발출되는 감정들을 확충해야 하는데, 현실의 이익을 쫓다가 점차 그 본성을 의식하지 못하게 된다는 것이다. 선하지 않은 것은 인간 본연의 모습이 아니라 현실의 이익을 따라 행동하면서 선을 잃는 것이라고 보았다.

역사 속 인물에 대한 맹자의 평가에서도 이러한 판단이 그대로 드러난다. 순임금과 도척盜跖을 선악으로 대비시키면서, 선을 행하는 순임금의 부류와 부지런히 자신의 사욕을 챙기는 도척의 부류를 구분하며 선악의 모습으로 지목했다. 현실에서 물질적 욕망을 추구하는 사람들을 악인으로 보는 것이다. 부국富國을 묻는 양혜왕에게 이로움利보다 인의仁義를 강조하는 『맹자』의 첫 대목에서도 쉽게 확인할 수 있다.

지금이나 옛날이나 인간의 욕망은 주로 대개 정치적 신분인 관직人爵을 향한다. 맹자는 이러한 현실적 욕망에 대한 시각을 근본적으로 바꾸고자 했다. 인간의 본성에 근거한 보편적 신분으로서 하늘의 벼슬天爵을 제시했다. 현실의 정치 질서는 도덕적 인품과 무관하게 정립되어 있기 때문에 그 도덕성을 중시하기 위해서는 또 다른 관점이 필요했다고 볼 수 있다. 천작이란 인간의 본성에 근거한 도덕성을 잣대로 하는 신분 질서로, 천작을 얻으면 인작人爵이 뒤따르는 것으로 보았다. 천작天爵은 사실상 누가 부여하는 것이 아니라 자신의 수양 정도에 따라 스스로 인지하는 것일 뿐이다.

맹자는 도덕적 항심恒心과 현실적 조건의 상관관계에 주목했다. 그래서 도덕적 수양을 인간 누구에게나 요구하지는 않았다. 우산의 나무처럼 인간 본성으로부터 나오는 항심恒心은 가난과 같은 현실적 여건이 어느 정도 충족되지 않으면 잃기 쉬운 것이다. 이에 백성에게 생계를 유지할 수 있는 항산恒産, 즉 일정한 직업을 갖게 하는 것을 중시했다. 이것은 당시로서는 정치로서 해결 가능했고, 이에 맹자는 정치를 중시했다. 그리고 위정자가 도덕적 수양을 해야 한다고 주장했다. 도덕적 수양이 된 위정자가 다스리면 백성을 자연스럽게 선으로 이끌 수 있다고 보았다.

위정자로서 적합한 인재로 맹자는 사士를 지목한다. 맹자에 따르면, 사士는 가난과 같은 현실적 조건에 구애되지 않고 항심을 유지할 수 있는 사람이다. 그들은 자신의 본성에 따라 덕을 존숭하고 정의로운 것을 즐기기 때문에 스스로 만족하여 욕심이 없는 마음의 상태囂囂를 유지할 수 있다. 물질적 풍요나 생물학적 욕망의 충족보다 인간 본성의 선을 추구함으로써 현실 조건들에 마음이 동요하지 않는다. 따라서 개인적 차원에서는 내면의 의리義理를 지킬 수 있고, 사회적 혹은 정치적 위치에 있더라도 도리道理를 벗어나지 않을 수 있다.

현대 사회에서도 마찬가지이지만 욕망의 대상이 부귀한 자리나 귀한 물건이라면 마음은 끊임없이 갈구할 수밖에 없다. 부귀한 자리나 귀한 물건은 늘 변화하고 한 개인이 그 변화를 조작하거나 조절할 수 없기 때문에 욕망도 그것을 따라 변화하며 끊임없이 갈구하는 것이다. 그러나 욕망의 대상이 내면의 본성이라면 그것은 스스로 조절 가능한 영역에 있고, 충족도 가능하다. 인간 본성을 궁구하며 인간다움을 충족하고자 하는 사士는 가난이나 존귀한 벼슬과 같은 현실의 부귀에도 흔들리지 않는다. 다만 위정자의 위치에 오르는 것은 개인의 능력으로만 성취되는 것이 아니기 때문에 사士는 자신의 처지에 따라 의리를 지키며 살기도 하고 관직에 올라 천하를 선하게 만들기도 한다.

사士와 같이 선을 좋아하는 사람은 천하를 평화롭게 하기에 충분하다고 맹자는 확신했다. 당시 선을 좋아하는 악정자樂正子가 노나라 정사를 담당하자 맹자는 기뻐서 잠을 이루지 못했다고 한다. 선을 좋아하는 것好善만으로도 천하를 평화롭게 할 수 있는데, 노나라와 같은 작은 나라를 다스리는 정도는 말할 필요도 없다는 것이다. 사실 선을 좋아한다고 해서 그것이 자연스럽게 천하를 다스릴 수 있는 정치력으로까지 확대되지는 않는다. 앞에서 언급한 것처럼 '천하를 선하게 만들기兼善天下' 위해서는 그 국가의 제도·문물에 기반한 통치뿐만 아니라 덕과 예를 통한 교화의 정치가 필요하다. 그런데 맹자는 사회의 공적 시스템을 운영하는 핵심적 힘이 호선好善이라고 본 것이다. 이것이 정치 시스템 자체의 필요성을 긍정하면서도 그 시스템을 운영하는 관리들의 도덕성을 중시한 이유다. 그리고 선한 관리의 등용을 통한 정치는 결과적으로 좋은 정치善政에 머물지 않고 궁극적으로 백성의 마음까지 선하게 만드는 교화의 정치善教에 이르게 된다고 보았다.

맹자에게 선은 인간에게 본유한 본성에 내재한 가치이고, 인간의 보편적 가치다. 그 가치의 실현은 도덕적 수양을 통해 성취될 수 있는 것이지만 누구나 다 실현하기 어렵다. 이에 도덕적 수양을 통한 선의 실천이 가능한 사士가 정치를 통해 사회·국가적 차원에서 선을 주도할 수 있다고 보았다.

국가적 차원의 선의 실현과 사적 차원의 선의 실천이 상충할 때 무엇이 우선할까? 맹자의 제자 도응桃應의 질문에 이러한 문제의식이 담겨 있다.

도응이 맹자에게 순임금이 재위하고 있을 때 그의 아버지 고수瞽瞍가 살인을 저질렀다면 순임금이 어떻게 했을 것인지를 물었다. 순임금은 분명 국가의 법제도를 지켜야 하는 임금이므로 형 집행을 지시할 것이다. 곧이어 왕위를 버리고 아버지를 몰래 업고 바닷가로 도망가 살았을 것이라고 맹자는 답한다. 사회나 국가의 규범과 법은 지켜야 하는 것이지만 인간관계의 근간이 되는 부모와 자식 관계와 상충할 때는 후자를 중시하고 있다.

순임금과 아버지 고수를 주제로 한 맹자와 제자 만장萬章의 대화를 하나 더 살펴보자. 순은 고수에게 알리지 않고 결혼했다. 당시 사회적 규범에서는 부모에게 알리고 결혼해야 했는데, 순은 그렇게 하지 않았던 것이다. 맹자는 이에 대해 불효 중 가장 큰 불효가 후손이 없는 것인데, 만일 순을 미워하고 괴롭혔던 고수에게 알렸다면 결혼하지 못해 큰 불효를 저지르게 되었을 것이기 때문이라고 했다.

두 사례에서 보듯 부모와 자식의 관계를 사회·국가보다 근본적인 관계로 보고, 가족을 중심으로 한 시간적 영속성을 유지하는 것을 우선적인 가치로 보았다. 인간 본성의 선한 덕德을 근간으로 하는 맹자의 도덕 윤리는 개인으로부터 사회와 국가로 확대되어가고 있다. 그리고 그 확대되는 중심축은 부모와 자식의 관계다. 따라서 사회적 규범이나 국가의 법률보다 '부자의 관계'를 형성할 수 있는 행위가 중시되었다.

그러나 여전히 문제는 남는다. 사단으로부터 인간의 선한 본성을 논증했지만 인의예지가 왜 선이 되는지는 설명하지 않았다. 달리 말하면 측은지심惻隱之心, 수오지심羞惡之心, 사양지심辭讓之心, 시비지심是非之心이 왜 선한지는 설명하지 않았다. 선악은 인간의 감정에서가 아니라 오히려 인간의 행위에서 분명하게 구분할 수 있다. 생활 속에서의 모습이나 사회에서 행하는 행위들을 통해 본성을 추론하는 것이 더욱 정당할 수 있다. 이러한 반론은 순자苟子에게서 곧바로 제기된다.

또한 사단이 선한 것이고 사덕이 선한 것이라 하더라도 인간의 어떤 마음 상태가 선한 가치를 담지할 수 있는지 의문이다. 인간 본성은 인간의 마음에 어떠한 상태로 존재하는 것인지가 분명하지 않다. 더 나아가 인간 본성이 보편적인 것이라면 만물의 본성과는 어떤 차이가 있는지 의혹이 생길 수 있다. 이러한 의문은 맹자의 스승으로 알려진 자사子思에게서 시작된 것이라 할 수 있지만 「중용」의 사유를 계승한 맹자에게도 여전히 남아 있다. 철학적 논란으로 본격화되는 것은 송대 성리학과 조선 성리학에 이르러서다.

5.
도덕적 규범의 제도적 정당화: 순자의 선

맹자와 동시대의 순자는 성선설性善說에 대해 반론을 제기했다. 그리고 인간의 심리적 과정에서 본성의 선함을 추론하는 맹자의 방식을 현실적, 역사적 관점의 논증방식으로 전환했다.

맹자의 성선설의 논증 방식에는 몇 가지 문제가 있다. 맹자는 유자입정孺子入井이라는 특수한 상황에서 발출하는 인간의 감정으로부터 인간 본성의 선함을 추론했다. 하지만 본성의 선을 추론할 수 있는 단서로서의 사단의 감정이 왜 선한지는 말하지 않았다. 예컨대 측은지심이라는 감정이 왜 선이 되는지에 대한 해명이 분명하지 않다.

측은지심의 감정이 선하다 할지라도 감정이 인간의 주관적 산물이라는 점에서 문제가 제기된다. 감정 자체는 인간의 심리적 과정을 통해 나오는 결과물이지만 유자입정의 상황을 목격한 후 나오는 심리적 과정의 결과물은 다를 수 있다. 아이에 대한 측은지심도 있겠지만 아이의 위험에 대한 두려움이나 놀람 등이 있을 수 있다는 것이다. 인간이 느끼는 감정은 측은지심이나 두려움, 놀람 이외의 것일 수도 있으며, 그 감정의 두께 또한 서로 다를 수 있다. 측은지심으로 인간의 감정을 한정하여 본성을 추론하는 맹자의 방식이 문제가 되는 부분이다.

설령 측은지심을 두려움이나 놀람까지 포괄하는 감정으로 상정할 수 있다고 해도 문제는 여전히 남는다. 두려움이나 놀람이 왜 선한 가치를 가진 감정인가라는 것이다. 측은지심이 타인의 위험에 대한 공감에서 발출되는 감정으로 인간애를 기반하고 있다고 할 수도 있다. 그러나 두려움이나 놀람 등의 감정은 인간애에 기반한 감정이라고 보기 어렵다. 또한 사회적으로 그것을 선한 감정이라고 동의할지라도 동의하는 사람들이 느끼는 감정은 객관적으로 확인되기 어렵기 때문에 방법론적으로는 오히려 가시적인 인간 행위에서 선을 찾는 것이 선에 대한 동의 내지 공감을 더욱 객관화시킬 수 있다.

순자는 이러한 문제를 인식했던 것으로 보인다. 그는 맹자와 달리 인간의 욕망하는 행위로부터 본성을 추론했다. 순자에 따르면, 인간은 태어나면서부터 이익을 좋아하는 존재好利라고 한다. 예컨대 인간은 귀와 눈을 가졌고 그것에 따른 욕망을 가져서 소리와 색色을 좋아한다는 것이다. 이것은 고자가 "타고난 것이 성性이다"라고 한 주장이나 "식색食色이 성性이다"라고 한 주장과 크게 다르지 않다. 인간이 맛있는 음식과 아름다운 소리나 색을 좋아하는 것은 입과 귀, 눈을 이롭게 하는 것이기에 이러한 욕망이 바로 본성이라고 보았다. 욕망을 추구하는 인간의 행위들은 인간 본연의 모습이라고 보고 이것을 인간 본성이라고 추론했다. 하지만 이것이 맹자의 성선론에 대한 정당한 비판인지는 의문이다. 맹자가 고자의 성론

性論을 비판하면서 지적했듯이 맹자는 동물이나 인간이면 누구나 가지고 태어나는 생물학적 본능과 본성을 구별하기 때문이다.

본성 개념을 인간만이 가지고 있는 고유한 특성으로서 이해하는 맹자와는 달리 순자는 선천성을 인간 본성으로 규정하고 있다. 선천적으로 그리고 자연스럽게 이루어진 것이 본성이라고 보았고, 이것은 배우거나 일삼는다고 성취할 수 있는 것이 아니라고 한다. 학문이나 일상의 노력을 통해 성취되는 작위적인 것은 인간 본성이 아니라는 것이다. 따라서 맹자가 말하는 '본성의 선善'은 작위적인 노력을 통해 성취되기 때문에 선이 본성이라고 할 수 없다고 한다. 예컨대, 굶주리면 먹고자 하고, 추우면 따뜻하게 하고자 하고, 피곤하면 쉬려고 하는 것이 본성이라고 한다. 그런데, 굶주렸는데도 어른을 보면 먼저 음식을 먹으려 하지 않고 사양하고, 피곤한데도 감히 쉬려고 하지 않고 대신 일을 거들려고 하는 것은 본성을 거스르고 본래의 감정을 억누르는 것이다.

순자는 욕망을 본성으로 규정하는 데서 한 걸음 더 나아가 선악의 판단 기준으로 사회·정치적 효용성을 제시했다. "이치에 맞으면서 다스림이 공평한 상태正理平治"가 선이고 "치우치고 음험하며 어긋나고 혼란한 상태偏險悖亂"가 악이라고 규정했다. 이러한 선악의 사회·정치적 상태를 역사적 사실로서 단정했다. 순자는 현실에서 군왕의 권세나 예의의 교화, 법도에 따른 시정施政 등과 같은 기능을 제외시킨 역사적 상황을 설정하는데, 이것은 그에게 있어서 가정이 아니라 성인의 문물제도가 없었던 인류의 원시적 자연 상태를 말한다. 문명 이전의 상태에서는 인간이 자신의 욕망을 충족시키기 위해 욕망의 대상을 두고 서로 다투게 되고, 그 다툼은 확산되어 천하가 혼란해졌다고 보았다. 순자는 인간의 본성이 악하다는 근거로 이것을 제시했다.

그러나 욕망 자체를 악으로 규정하지는 않았다. '이익을 좋아하는 욕망 好利'을 악의 원인으로만 보았기 때문이다. 다툼이 이어지는 사회 현실과 혼란한 역사적 사실들이 악한 것인데, 이것은 인간 개인들의 욕망이 충돌함으로써 야기되는 결과라고 보았다.

그렇다면 어떻게 욕망이 악한 현실과 관련되는 것인가? 순자는 욕망할 수밖에 없는 인간이 쟁탈이나 혼란까지 야기하는 행동을 하는 것은 마음이 그렇게 시킨 것이라고 보았다. 행동을 결정하는 인간의 마음心이 이치에 맞는 판단中理을 한다면 난세亂世라는 악이 발생하지 않는다고 보았다. 낮은 신분의 성문지기라고 해도 욕망을 충족시킬 수 없는 것이 아니며, 천자라고 해서 자신의 욕망을 모두 충족시킬 수 있는 것도 아니다. 누구나 욕망을 올바르게 추구하지 않으면 난세는 이어질 수 있다.

욕망을 올바르게 추구할 수 있도록 마음이 따라야 하는 이치理는 무엇인가? 선왕들이 난세를 막기 위해 제정한 예의가 그것이다. 예의禮義는 상충하는 인간의 욕망을 조정해주는 현실적 한계와 기준이다. 욕망할 수밖에 없는 인간의 본성을 사회적 갈등 없이 충족시킬 수 있도록 그 한계와 기준을 예의로 정했다는 것이다. 그리고 예의에 따라 행하는 것이 인간다움의 근거所以라고 말한다. 다른 존재와 차별화된 인간다움의 근거란 인간의 질서人倫을 신분에 따라 지킬 수 있는 것이라고 보았다. 따라서 인간다움은 존재 자체로 부여된 것이 아니라 현실 속에서 인륜을 실천함으로써 성립되는 것이다. 그리고 그것은 마음心을 통해서 이루어지는 것이라고 한다.

성선설에 반론을 제기한 순자의 성악설이 사실상 인간 본성 자체의 악을 논증했다고 보기는 어렵다. 성악性惡은 사회·정치적 쟁탈과 혼란한 사태를 야기하는 원인 요소임을 의미할 뿐이다. 본능이라고 할 수 있는 인간의 욕망을 본성으로 규정하고, 그 욕망과 욕망이 사회적으로 충돌할 때 야기되는 사회·정치적 혼란을 악이라고 보았기 때문이다. 또한 본성으로서의 욕망은 제거해야 할 대상이 아니라 충족되어야 하는 것으로 보았다. 예의의 기원과 필요성을 언급하며 악을 선으로 전환시킬 수 있다고 보았다. 예의가 욕망의 상한선과 사회적 기준으로 기능함으로써 개인의 욕망을 제한하면서도 이를 통해 모든 인간이 자신의 욕망을 어느 정도 충족할 수 있다는 것이다.

그러나 욕망의 충족에 있어서 도덕적 정당성은 모호하게 규정되었다. 예의가 개인적 욕망의 사회적 충돌로부터 기원한 것이라는 관점에서 보면 개인 욕망의 정당성은 예의에 따를 때 확보된다. 예의를 통해 사회·정치적 선이 완성될 수 있기 때문이다. 이와 달리 순수한 개인적 영역의 욕망은 사회적 충돌을 야기하지 않을 뿐만 아니라 사회적 선악과 무관하게 충족될 수도 있다. 그 경우 욕망의 충족을 위해 예의를 필요로 하지 않는다. 따라서 사적 영역에서의 욕망 충족이 도덕적으로 정당화될 이유가 모호해진다.

그럼에도 순자는 수신의 차원에서 도덕적 정당성을 요구한다. 예의를 준수하는 것이 개인의 육체적, 정신적 작용을 원활하게 할 뿐만 아니라 수명을 연장시키고 삶의 질적 고양을 이룰 수 있다고 한다. 그러나 육체적, 정신적 효율성을 증대시키는 것과 같은 결과로서 도덕적 정당성을 확보하려는 것은 무리가 있다.

개인적 차원에서나 사회·정치적 차원에서 왜 예의를 지켜야 하는가? "이치에 맞으면서 다스림이 공평한 상태正理平治"라는 공적 차원의 효율성이나 육체적, 정신적 차원의 효율성을 근거로 선을 정당화시킨다면 현실적 효율성을 갖지 못하는 선은 어떻게 이해해야 하는가라는 문제가 발생한다. 예컨대 선을 지향한 작위적 노력이 효율적 결과를 가져오지 못하면 선이 될 수 없다. 달리 말하면, 선악이라는 도덕의 판단은 결과가 드러나기 이전까지 확인할 수 없는 것이다.

역사적으로는 순자의 학문이 한비자韓非子와 이사李斯를 통해 법가로 굴절되어 흘러가면서 진나라의 천하통일에 공헌했다. 순자는 통치자를 백성의 모범자로 만들려 했지만, 법가는 통치자를 백성 위에 군림하게 만들었다는 차이가 있는데도 말이다. 예컨대 한비자는 백성을 어리석은 아이로 여기며 백성을 무지의 상태로 유지하는 것을 통치라고 보았다. 그래서 국가가 강해지기 위해서는 백성을 쇠약하게 만들어야 한다고 보았다. 법가는 분명 백성을 수단화했다는 점에서도 순자와 분명한 차이가 있다. 이렇게 순자의 덕치德治나 예치禮治가 법가의 법치法治와는 분명한 차이가 있지만, 진시황의 천하통일이라는 역사적 사건과 연관될 수밖에 없는 것은 패자霸者의 정치가 효율적 통치 결과라는 점에서 도덕적으로 정당화될 수 있었기 때문이다.

6.
선험적 실재로서의 선: 주희의 선

      인간다움의 근거로 제시된 공자의 인仁에 대한 정당
성 문제는 전국시대에 인간 본성에 대한 논의로 심화되었다. 인간다움의
근거인 선이 어디서 연원했는가라는 문제를 두고 맹자와 순자가 표면상으
로는 대립했다. 맹자는 인간 본성으로부터 선의 정당성을 확보하고자 선
을 인간의 근본적이고 본질적인 것으로 규정했다. 이와 달리 순자는 정치
결과로서 드러나는 효용성을 통해 선의 정당성을 확보하고자 했다. 인간
본성을 예의禮義로 조절해야 할 생득적 욕망으로 규정했다. 선왕이 제정한
예의에 따라 인간 욕망을 조절하는 인위적 노력을 통해 선이 실현된다고
보았다. 다만 순자도 생득적 욕망으로 규정된 그 본성 자체를 예의에 의해
어느 정도 충족되어야 하는 것으로 보는 한 본성 자체를 전적으로 부정적
인 것으로 단정하지는 못한다. 사회적 혼란에 대한 원인으로서의 욕망을
악이라고 할 뿐이지 본성 자체를 악으로 단정한다고 보기는 어렵다.
  선의 정당성을 사회적 혼란 여부로 규정했던 순자의 선악관에는 난점

이 있다. 인간관계로 나타나는 부정적 사회현상을 논거로 인간 본성을 악으로 규정함으로써 인간의 특성을 사회적 속성에 귀속시키고 있다. 인간의 본성에 따른 행동이 그대로 사회현상으로 드러나는 것일 수 없을 뿐만 아니라 사회적 현상에도 순기능적인 현상들이 공존한다. 따라서 사회적 혼란을 악으로 규정할 수 없으며, 이것을 근거로 인간의 행위와 본성까지 특징화시키는 것도 무리가 있다.

또 다른 난점은 사회적 혼란이 드러나기 이전까지는 선악 판단이 유보될 수밖에 없다는 것이다. 예컨대 선한 의도를 가진 정책들이 정치로 펼쳐지더라도 그 정치가 혼란스러운 결과를 초래한다면 악이라고 판단되고, 그 반대의 경우는 선이 된다. 따라서 결과로 드러나지 않은 잠재적 실재로서의 인간의 본성은 악이라고 단정할 수 없다.

중국에서 선의 정당성에 관한 이러한 문제들은 불교의 유입과 선禪의 발흥 시기를 거치면서 인간 의식 차원으로 전환된다. 인간의 감정으로부터 선善의 정당성을 확보하려는 맹자나, 행위나 행위 결과로서 확보하려는 순자의 시대에는 이들 철학이 인간의 수양을 전제하고 있었지만, 수양의 주체가 되는 마음心에 관한 철학적 논의까지 본격화하지는 못했다.

사단이라는 감정을 통해 인간 본성이 선하다는 맹자의 논증에서, 과연 감정으로 아직 발출하지 않는 마음의 내적 상태未發가 현상 의식에서 인식될 수 있는 것인가라는 의문이 제기된다. 행위나 감정 이전 단계에 존재하는 본원적 상태의 마음中이 있다면 그 마음을 추구하는 공부求中를 통해 사단과 같은 선을 지향할 수 있을 것이다. 만일 내면에 선으로서의 본원적 상태의 마음이 없다고 한다면 사단의 존재론적 설명이 보완되거나 선의 인위적 성취에 대한 해명이 필요하게 된다.

　이러한 마음心의 철학적 논의들은 송대 성리학, 특히 도남학道南學과 호상학湖湘學에서 특징적으로 나타나는데, 이것은 주자학의 사상적 궤적에서 드러나고 있다. 주희朱熹(1130~1200)는 도남학으로부터 호상학으로 사상적 변화를 보이다가 40세(1169) 때 자신만의 철학 체계를 완성했다. 중화신설中和新說로 부르기도 하는 기축년(1169)의 이 깨달음은 사실상 도남학과 호상학을 종합시킨 것이라고 할 수 있다.

　도남학과 호상학의 이론은 감정으로 드러나기 이전의 마음未發이 존재하는가의 여부로 대별할 수 있다. 정호程顥·정이程頤의 제자였던 양시楊時가 개창한 도남학의 경우 감정이 아직 드러나지 않은 마음의 상태인 미발未發을 맹자가 말하는 선한 본성으로 규정했다. 그리고 이 미발을 정좌 공부를 통해 체인體認할 수 있다고 보았다. 곧 미발이 도덕적 마음이고, 이것이 맹자 말한 인仁이라고 본 것이다.

　그러나 체인하려는 이발의 의식으로 의식 이전의 미발을 알아채고자 하면 논리적으로 모순이 된다. 정좌공부에서 미발을 체인하고자 하는 마음은 사실상 이미 의식이 작용하는 이발已發의 상태이기 때문에 미발未發이라고 할 수 없다. 이미 작용하고 있는 의식이 의식하지 않은 상태의 미발을 체인한다는 것은 불가능하다. 주희가 도남학으로부터 호상학으로 선회하게 된 것도 이 때문이었다.

　호굉胡宏으로부터 시작된 호상학은 장식張栻에게 이어지는데, 장식을 통해 주희에게 영향이 미쳤다. 호상학은 마음의 의식 작용이 없는 미발에서 의식적인 공부가 성립할 수 없다고 보았다. 즉 천리天理로 품부된 인간 본성을 그 자체로서 인식할 수 없다는 것이다. 본성의 인식은 다만 경험적 일상 속에서 운행된 천리를 성찰함으로써 가능하다고 보았다. 그래서 체인의 대상이 될 수 없는 미발을 본성性이라고 하고 이발을 마음心이라고 하여, 본성을 체體로, 마음을 용用으로 규정했다. 다시 말해, 인간의 본성에 대한 인식은 외물의 자극에 의해 반응하는 마음을 성찰함으로써 가능하다고 보는 찰식단예설察識端倪說을 주장했다.

주희는 호상학에도 문제가 있다고 보았다. 외물의 자극은 끊임없이 변화하고, 그 변화하는 자극에 대한 마음의 작용도 끊임없이 변화할 수밖에 없다. 마음은 주체적으로 대응할 수 없고 다변화하는 외적 조건에 수동적으로 반응하게 될 뿐이다. 변화무쌍한 마음의 작용 속에서 본체로서의 천리를 성찰하려는 공부는 외적 조건에 끌려다니게 되고 결국 천리에 대한 인식은 어려워진다.

주희는 마음의 작용인 동動 가운데서 정靜을 구할 수 있고 정을 구하여 동에 대응하는 것도 가능할 것이라고 생각했다. 이에 미발을 적연부동寂然不動한 마음의 체體로, 이발已發을 '감이수통感而遂通'하는 마음의 작용으로 규정하며 자신의 철학을 수립했다. 양시로부터 나종언羅從彦, 이동李侗 (1093~1163)으로 계승된 도남학과, 호굉에서 장식으로 이어지는 호상학이 주희 안에서 이렇게 종합되었다.

선악의 관점으로 보면 맹자의 성선설을 계승한 주희의 미발·이발에 몇 가지 의문이 생긴다. 미발은 선인가? 선한 사덕으로부터는 악이 생기지 않는 것인가? 현상 의식에서의 악은 어디로부터 오는 것인가?

앞에서 말한 미발과 이발은 중화中和의 문제에서 출발하고 있어서 미발은 그 '중'을 말한 것으로 선을 전제한다. 그렇다면 미발에 중이 아닌 부중 不中도 있을 수 있을까? 주희는 미발의 부중을 혼탁한 기질로 인해 마음이 사욕에 빠지는 것이라고 말한다. 이 부중의 미발을 극복하여 치우치거나 기울지 않는 마음의 상태를 만들려면 미발 함양의 공부가 필요하다고 보았다. 그러나 기질의 혼탁함 자체를 악이라고 규정하지는 않는다. 부중한 미발은 감정으로 발현될 때에 비로소 도덕적 규범에 어긋난다고 보았다. 악한 감정이나 행위의 선행조건이 된다고 볼 수 있다.

주희에 따르면 인간은 선한 본성을 하늘로부터 받지만 인간 존재 자체는 기질의 혼명昏明·후박厚薄의 차이가 있을 수밖에 없어서 현실에서는 악이 나타난다고 보았다. 그렇다면 혼탁한 기질은 변화될 수 있는 것일까? 타고난 기질이 좋지 않더라도 함양 공부를 통해 고칠 수 있다고 보았다.

예컨대 거울이나 물의 현재 상태에 따라 빛이 다르게 투영되는 것에 비유할 수 있다. 거울에 먼지가 많이 묻어 있다면 반사된 빛이 그 먼지로 인해 제대로 나타나지 못하고 흐리거나 약할 것이다. 물도 마찬가지다. 흙탕물에 빛을 투과하면 혼탁함으로 인해 빛의 많은 부분이 소실된다. 사덕 중에서 인仁이 마음에 있다가 감정으로 발출할 때 매개가 되는 기질이 혼탁하다면 발출된 감정은 지나친 관용이나 유약함으로 흐른다. 그러므로 내면의 사덕이 선한 사단으로 발현되기 위해서는 타고난 기질을 변화시켜야 하는 것이다.

본성의 선함과 기질이 매개되면 악하게 되는 것을 어떻게 설명할 수 있을까? 선악은 어떻게 구별되는가? 주희에 따르면, 본성은 이理를 주로 하여 형상이 없기 때문에 공변公遍되어서 불선不善이 없다고 한다. 형상이 없다는 것은 소극적으로는 어떤 사물에도 매이지 않는다는 의미이고, 적극적 의미에서는 모든 사물에 공평한 것으로 보편적 가치를 지닌 공변된 것을 말한다. 공변된 그 이理를 품부받은 인간의 본성은 공변된 것이기에 선이다. 이와 달리 기질은 형상을 주로 하여 질료를 이루는 것으로 개체의 사사로운 욕망이다. 개체의 욕망 자체가 나쁜 것은 아니지만 그것의 발현으로 인해 공변된 인간 본성이 제대로 발현되지 못하고 과불급過不及을 초래하기 때문에 불선이라고 한다.

　선악의 구분에서 보듯 선을 추구함에 있어서 중요한 것은 본성의 선을 감정이나 행위에 그대로 실현하는 것이다. 그렇다고 행위 하나하나 일 하나하나로서의 선을 지향하는 것이 아니다. 행위 하나하나, 일 하나하나의 선을 찾아 성취할 수도 있지만 이것은 한계가 있다. 좋은 결과로서의 선을 고민하고 노력하지만 매번 선을 성취하는 것은 불가능하다. 왜냐하면 행위나 일의 조건들이 항상 변화하기 때문에 그 변화하는 조건들을 항상 살펴야 한다.

　빛과 거울의 비유로 보자. 빛을 더러워진 거울에 반사하여 특정 장소를 비추고자 할 때, 거울의 특정 부분을 깨끗이 닦으면 당장은 그 특정 장소를 비출 수 있다. 그러나 장소가 달라지고 변화하면 다시 거울의 다른 부분을 찾아서 닦아야 한다. 비추고자 하는 장소가 무한한 만큼 닦아야 하는 곳도 무한할 수밖에 없다. 결국 외적 조건을 따라 선을 성취하는 것은 한계가 크다. 가장 좋은 방법은 외적 조건의 변화에도 항상 비추고자 하는 곳을 비출 수 있도록 거울 전체의 오염물을 깨끗이 제거하는 것이다.

　깨끗한 거울에 의해 실현되는 선은 인위적 노력이 필요 없어 그 실현에 제약이 없으며, 스스로가 멈추고자 해도 멈출 수 없는 자연스러운 것이다. 이렇게 이루어지는 선을 지선至善이라고 하는데, 그 마땅히 머물러야 하는 지선에 머물러야 인간답게 될 수 있다고 보았다.

군주가 군주답기 위해서는 인仁이라는 지선을 잠시도 잃어버리면 안 된다. 신하에게는 공경敬이, 자식들에게는 효孝가, 부모에게는 자애로움慈이, 벗에게는 믿음信이 지선이다. 그 지선의 마음가짐을 유지하다가 외적 자극이 왔을 때 마음에 따라 행동하면 그 행동 하나하나가 선을 이룬다. 군주가 인仁의 마음을 잃으면 군주답지 못한 것이고, 신하가 공경한 마음을 잃으면 신하답지 못한 것이고, 자식으로서 효성스러운 마음을 잃으면 자식답지 못한 것이며, 부모로서 자애로운 마음을 잃으면 부모답지 못한 것이다.

주자학은 시공간의 제약을 받는 행위나 결과로서의 선을 추구하는 것이 아니라 인간다움의 완성을 추구한다. 인간다움의 완성은 인간다운 삶을 의미하고, 인간다운 삶의 가능성은 본성으로서 인간에게 이미 품부되어 있다. 따라서 인간다운 삶은 본성의 실현을 통해서만 완성될 수 있다. 이것은 주자학자뿐만 아니라 송대 성리학자들이 지향하는 공부의 목적이다.

7.
선한 본성의 현실태로서의 감정: 퇴계의 선

송대 성리학을 거치면서 선악의 구분은 외적 규범의 준수 여부보다 내적 의식에서 결정되는 것이라 여겨졌다. 인간의 본성이 선하고, 이 본성으로부터 발출하는 감정이나 행위는 선하다고 보았기 때문이다. 그렇다면 인간 본성으로부터 발출하는 선한 감정과 일반적인 감정은 어떠한 차이가 있는가? 악惡이란 무엇인가, 그리고 선한 본성으로부터 악은 어떻게 발생하는가?

이 문제는 조선 성리학자들에게 중요한 철학적 논제가 되었다. 이 논제는 철학적 논쟁으로까지 전개되어 학파를 나누는 학문적 기반이 되는데, 그 시작은 16세기다. 조선의 16세기는 정주성리학을 수용했던 조선의 학문이 퇴계 이황李滉(1501~1570)과 율곡 이이에 의해 그 이해를 심화시키던 시기였다. 이황과 고봉 기대승奇大升(1527~1572) 사이에 벌어졌던 사단칠정 논쟁에 이 문제들이 담겨져 있다. 추만 정지운鄭之雲의 「천명도설天命圖說」을 계기로 촉발되었던 이 논쟁은 8년간 전개되었는데, 주요 문제의식은 사단四端과 칠정의 관계다.

일반적 감정을 통칭하는 칠정七情은 『예기禮記』에서 언급된 희로애구애오욕喜怒哀懼愛惡欲이라는 7가지 감정이다. 사단은 맹자가 성선설을 확립하는 논거로 사용했던 개념으로 인간의 선한 감정을 의미한다. 감정이라는 점에서는 사단과 칠정이 동일하다고 볼 수 있지만 그 문헌적 출처는 이와 같이 다르다. 그런데 이 두 감정을 정주성리학의 이기론理氣論을 적용해 살펴보면 사단이나 칠정은 모두 이理과 기氣로 구성된다는 점에서 차이가 없다. 또한 칠정이 인간의 감정을 총칭하는 것이라 하고, 사단은 칠정 중에서 선한 감정만을 가리킨다고 하면 논리상으로는 칠정이 사단을 포함하는 감정七包四이라고 할 수 있다. 이것이 기대승의 기본적인 사유다.

이와 달리 이황은 사단에 담긴 유학적 문제의식을 중시했다. 인간의 감정 중에서 사단만을 특별히 지칭한 맹자의 철학적 문제의식을 주목해야 한다는 것이다. 맹자가 인간의 감정 중에서 선한 감정만을 발라내어剔發 사단이라고 명칭한 의도所指는 그 감정이 선한 본성에서 발현된 온전한 선이라는 것을 밝히려는 것이다. 악의 가능성이 없는 순선한 선으로서의 감정을 단서로 그 본원처로서의 선한 본성을 정당화할 수 있기 때문이다.

존재 자체는 이理과 기氣로 구성된다고 보는 정주성리학의 이기론에서 본성이나 사단은 이과 기의 존재임을 부정할 수 없다. 그럼에도 정주성리학이 성선性善과 성즉리性卽理의 명제를 정당화하려는 것은 인간다움의 근거가 본성에 있고 그 본성은 도덕적으로 선한 것임을 포기하려 하지 않으려는 노력의 일환이다. 이황도 성리학의 근본적 문제의식을 공유하며 인간의 감정 중에 본성으로부터 그대로 발현되어 악하게 될 수 없는 본성으로부터의 온전한 감정을 특칭할 필요가 있었다.

이황은 칠정을 그러한 의도의 사단과 구별하기 위해 '악惡으로 흐르기 쉬운 감정'이라고 규정했다. 악으로 흐르기 쉽다는 것은 선악이 아직 결정되지 않았다는 것을 의미한다. 칠정은 본성에서 이미 결정된 선함의 감정과는 다를 수밖에 없다. 하지만 사단과 칠정의 구별이 정주성리학의 이기론 틀 속에서 정당화될 수 있느냐 하는 것은 별개의 문제다. 이황은 오히려 정주성리학의 이기론의 논리 틀 내에 얽매이지 않고 사단·칠정의 구별을 정당화할 수 있는 자신의 학문체계를 구성해냈다.

이황은 미발을 기氣가 작용用事하지 않은 마음으로 보고 이것을 이理라고 표현한다. 이황에 따르면 마음은 이와 기가 합한 존재이기 때문에 미발의 마음을 이理라고 한 것은 이와 기의 관계에서 이를 주로 의미한다고 볼 수 있다. 이것은 사단을 "이가 발하고 기가 따른다理發而氣隨之"고 정의한 것과 맥을 같이 한다. 이와 기로 구성되는 마음이 사단의 감정으로 발출하여 본성으로서의 절대적 선을 그대로 드러낼 수 있는 것을 이황은 이가 주재하는 것理發으로 규정했다. 다시 말해서 절대적 선은 본성 자체이고 그 본성은 대개 이로 존재하는 것이라는 주장이다. 기는 전통적 성리학자들의 이해에서 보면 선의 가치를 담고 있지 않다. 이것을 미루어 보면 미발의 마음을 이라고 한 것도 또한 이가 주재하는 상태라는 것을 알 수 있다. 따라서 미발은 본성의 절대적 선이 갖춰진 상태다.

이황이 주장하는 사단이나 미발에서 말하는 선은 악에 대립하는 가치가 아니다. 천리天理로 품부된 절대적인 선이다. 그렇다면 악은 어디에서 유래하는가? 이황은 미발의 상태에 이미 악이 존재하는 것이 아니라 마음이 발하는 이발에서 선악으로 나뉘게 된다고 했다. 그 의식의 작용 과정에서 선악으로 나뉘는 지점을 '기미幾'라 하고 악으로 향하는 갈래를 '악기惡幾'라고 한다. '기미'에서 비로소 선악으로 대별되는 악기와 선기가 생기게 된다.

선기의 연원은 미발로 올라가지만 그 갈라지는 악기는 무엇에 근원하는가? 인욕의 사사로움을 따르는 마음의 작용意에서 악기가 생긴다. 생물학적 욕망이나 욕구를 충족하고자 하는 사사로움私이 악기惡幾가 되어 악으로 이어지는 것이다. 그래서 사사로움을 "마음의 각다귀요, 온갖 악의 뿌리"라고 지목했다. 이기론에서 보자면 악기는 기가 이의 주재를 가린 것이라고 해석할 수 있다. 따라서 이 사사로움 자체를 악이라고 규정할 수는 없다.

이황에 따르면, 한 개인에 국한된 것을 사사로움私이라고 하는데, 이것은 성리학자들의 일반적인 견해라고 한다. 다만 인간의 의식에서는 '의意'에 해당하는 것이고, 공적 영역에 해당하는 지志와 구별된다고 보았다. 공적 영역이나 사적 영역에서의 선의 실현은 궁극적으로 인간 의식의 과정에서 이루어져야 하는 것임을 의미한다. 공적 영역의 일公事이나 사적 영역의 일私事이 모두 인간 의식으로부터 시작되는 것이며, 그 악이라는 결과 또한 의식의 과정에서 악기로부터 시작되는 것이기 때문이다.

그리고 미발의 마음을 존양하고 이발의 마음을 성찰하면 자연히 그 의식 과정에서 천리와 인욕을 분별할 수 있다고 한다. 외적 상황이 어떻게 변화한다 해도 그 변화에 대응하는 주체는 인간의 마음이고, 그 선을 이루는 것은 마음의 기미에서 결정된다. 이황은 특히 '경을 유지持敬'하는 공부를 중시했다. 경을 유지하는 공부는 어떤 경지에 올라 그칠 수 있는 것이 아니다. 미발의 존양存養 공부와 이발의 성찰省察 공부를 관통하여 잠시도 멈출 수 없는 것이 경敬의 마음가짐이다.

이것은 현실 세계에서 선을 평가하는 데 있어서도 나타난다. 개인이 한 가지 악행을 저질렀다고 그를 곧 악인이라고 낙인찍지 않는다. 소수서원의 유사有司를 담당하던 김중문金仲文에 대한 이황의 평가에서 짐작할 수 있다.

1556년 소수서원의 유사였던 김중문이 계속된 잘못을 저질렀다. 그가 유생들을 무시하며 거만하게 굴어서 서원 유생들이 서원을 나가서 돌아오지 않았다. 이 일로 그의 직임이 바뀌게 되었다. 그런데도 반성하지 않고 오히려 유생들을 무고하면서 유생들뿐만 아니라 김중문 자신도 결박되는 사태로까지 확산시켰다. 이후에도 김중문은 유생들에게 험악한 말을 하며 행패를 이어갔다고 한다.

이황은 김중문의 첫 번째 잘못에 대해서나 두 번째 잘못에 대해서도 허물을 고치고 반성한다면 '선인善人' '허물이 없다無過'라고 말하고 했다. 또한 세 번째 잘못에 대해서도 김중문이 잘못을 고칠 희망에 대해서만 회의적일 뿐 그를 악인으로 단정하지 않았다.

또 다른 예로, 명예를 탐하며 세상을 기만하려는 제자를 꾸짖는 것에 대해 조식曺植에게 조언한 이황의 편지에서도 짐작할 수 있는 바가 있다. 본성이 선하다는 것은 그 선한 본성을 따르는 도道를 지향해 갈 수 있다는 것을 의미한다. 비록 명예를 탐하며 세상을 기만하려는 학생일지라도 그가 그 도를 지향할 수 있는 기회를 없애서는 안 된다고 조식에게 조언했다.

선善, 그리고 악惡의 논쟁

이처럼 이황은 인간 본성의 선을 확신했으며, 그 선의 실현 가능성을 이론적으로나 실천적으로나 의식 속에서 가능한 것으로 보았다.

8.
기질 변화를 통한 선의 실현: 율곡 이이의 선

　　　　　인간 본성의 선을 현실에서 실현 가능한 감정이나 행위로 보고 이理에 대한 적극적 이론을 구축했던 이황과는 달리 율곡 이이李珥은 정주성리학의 이기론 틀 안에서 이황이나 당대 조선 성리학자들이 가졌던 철학적 난제들을 분석했다. 이것은 선악의 문제에 있어서도 그대로 나타난다.

　　이이는 선악 판단을 중中에 맞느냐, 아니면 중中보다 지나치거나 못 미치느냐過不及로 가늠한다. 선한 감정이라도 사람마다 감정의 농도에 차이가 있다. 곤경에 처한 사람을 보고 측은한 감정이 생기지만 어떤 사람은 측은한 감정의 농도가 짙고 어떤 사람은 옅을 수 있다. 짙은 농도의 감정을 가진 사람은 그 사람을 돕고자 하겠지만 옅은 농도의 사람은 관망하는 데 그칠 수 있다. 이이에 따르면, 이 상황에서는 10할의 감정이 일어나야 하는데 5, 6할 정도만 일어난다면 불선不善한 감정이라고 여겼다. 그 반대의 경우도 마찬가지다. 5, 6할의 감정이 일어나야 하는 상황에서 10할의 감정이 일어난다면 불선한 감정이라고 보았다.

이것으로 볼 때, 이이가 말하는 선악 판단은 단순히 자신의 감정에 나타난 선이나 악으로 결정하는 것이 아니고 상황에 대한 정확한 인식이 전제되어야 한다. 그리고 그 인식에 바탕한 적절한 농도의 감정과 그 농도에 따른 상황 대처가 연속될 때 선이라고 본 것이다. 따라서 일반적으로 말하는 선만으로 인간 본성으로서의 덕을 다한다고 보지 않았다.

예를 들어, 인仁을 좋아하는 것은 분명 선이지만 그것이 인의의 도를 실현한 것이 될 수 없다는 것이다. 인을 좋아하면서도 불인不仁을 미워해야만 인의의 도가 실현된다고 보았다. 인과 불인에 대한 판단, 그리고 인을 적극적으로 실천하는 것과 불인을 적극적으로 제거하려는 실천이 갖추어질 때 도학道學이 실천된다는 것이다. 다시 말해 도덕적 감정뿐만 아니라 외적 상황에 대한 올바른 인식, 그에 따른 인을 실현하려는 적극적인 자세와 불인을 제거하려는 소극적 자세를 모두 갖추어야 한다.

이이의 선악 판단에는 세 가지 전제 조건이 있다. 감정이나 마음 차원에서 도덕적 주체의 확립과 외적 상황에 대한 객관적 인식, 객체에 관계하는 주체의 도덕적 행위의 적절성이 그것이다.

먼저 감정이나 마음 차원에서 확립해야 할 도덕 주체는 무엇인가? 이이에게는 도심道心이라고 할 수 있다. 그에 따르면, 도심은 도의道義로 발하는 감정으로, 부모에게 효도하고자 하는 마음이나 유자입정을 목격할 때의 측은한 마음, 의롭지 않은 일을 보고 부끄러워하는 마음 등을 말한다. 그런데 도심은 구복口腹이나 신체로부터 생기는 사적인 욕망私意에 따라 악이 될 수도 있다. 다시 말하자면 성명으로부터 곧바로 나오는 도심이라고 하더라도 사적인 욕망이 개입하면 인심人心이 된다는 것이다. 반대로 사적인 욕망으로부터 나온 인심이라도 올바른 이치正理에 따라 조절한다면 도심이 된다. 따라서 항상 도심을 따라 행할 수 있도록 마음의 공부가 필요하다. 이것을 이이는 '인심도심상위종시설人心道心相爲終始說'이라고 했다.

이기론으로 해석해보면, 도심과 인심은 이理에 근본하여 기氣로 발현하는 동일한 존재의 마음이다. 다만 미발의 성性이 이발의 감정으로 발할 때 기가 순조롭게 작용하면 도심이 되고, 기가 순조롭지 않게 작용하면 인심이 된다. 다만 이이는 미발에서 이발로의 과정에서 인심과 도심이 이미 결정된 것이 아니라 기의 작용 여부는 의意를 통해 주재할 수 있는 것이라고 보았다. 따라서 마음은 성과 감정 및 의意를 주재하는 존재로, 마음의 주재에 따라 인심은 도심으로, 도심은 인심으로 상호 전환이 가능하다고 한다.

선악의 문제로 보면 도심은 선이지만, 인심은 선과 악의 가능태를 모두 갖는다. 그렇지만 선악의 관점에서 보면 인심이 선하게 된 것은 다른 것이 아니라 곧 도심이 된다. 인심과 도심이 상대적인 관계이지만 하나의 마음의 두 양태라는 점에서 선은 도심일 수밖에 없다. 선은 식욕이나 색욕과 같은 것이 아니라 도덕적 가치를 의미하기 때문이다. 따라서 감정이나 마음 차원에서 도덕적 주체의 확립은 도덕적 선을 실현하는 도심을 유지하는 것이다.

두 번째 전제 조건은 지선至善에 관한 것이다. 감정의 농도에서도 보았듯이 이이는 선의 실현은 도덕적 주체의 확립만으로 가능하지 않다고 보았다. 외적 상황에 대한 객관적 인식이 있어야 도덕적 주체가 객관적 인식에 따라 적절한 감정과 행위를 취할 수 있다. 여기서 객관적 인식이라는 것

선善, 그리고 악惡의 논쟁

은 자연과학적 원리를 대상으로 한 인식이라기보다는 도덕적 행위를 전제한 인식을 말한다.

이이에 따르면, 외적 상황에 대한 객관적 인식은 사물의 당연한 법칙當然之則을 인식 대상으로 한다. 사물의 당연한 법칙은 「대학」에서 말하는 '지선至善'인데, 도덕적 선이 온전하게 실현될 수 있는 상태를 의미한다. 사물에 대한 객관적 인식이 어떠한 하자도 없이 가장 적절한 곳에 도달하여 바뀌지 않을 수 있으면, 인식知이 지선에 이르게 된다止至善. 이것은 사물세계에서의 본연의 중本然之中이고 올바른 이치正理라고 할 수 있다.

마지막 조건은 경敬에 관한 것이다. 도덕적 주체의 확립과 객관적 인식이 가능하다면 객관적 인식에 맞게 도덕적 감정과 행위가 적절하게 대응해야 한다. 실천의 적절성을 위한 전제조건이 바로 경敬 공부다. 주일무적主一無適하는 경 공부를 통해서 외적 상황이 변화한다고 해도 사리에 맞게 지선에 이를 수 있게 된다고 보았다. 지선에 머문 행위는 앞서 언급한 것처럼 선한 행위를 지칭하기보다 가장 적절한 도덕적 실천을 말한다. 다시 말해 도덕적 행위만을 말하는 것이 아니라 도덕적 결과功效까지 포함하는 개념이라고 할 수 있다.

이이에게서 지선은 도덕적 주체의 공부뿐만 아니라 외부 대상에 대한 공부를 포함하며, 또한 주체와 대상의 관계가 현실에 적합하게 이루어지는 데까지 확대되었다. 여기서 일관된 관점은 이理의 실현을 위해 기질氣質이라는 현실적 존재를 변화시키는 것이다. 기질 변화의 관점이 심성론으로부터 그의 경세론까지 이어진다고 볼 수 있다.

이 문제는 당대의 중요한 철학적 논쟁이었던 사단칠정론에 대한 비판에서도 읽혀진다. 특히 이황의 호발설에 대한 이이의 비판에서 기질 변화에 대한 시각들을 확인할 수 있다.

이황은 선한 감정 중에서도 선한 본성으로 발현된 맹자의 사단을 중시하면서 이 사단을 일반적 감정인 칠정과 구분하기 위해 '사단은 이발이기수지理發而氣隨之, 칠정은 기발이리승지氣發而理乘之'라고 정의했다. 이이는 이러한 이황의 호발설互發說을 비판했는데, 감정은 의식의 작용이기 때문에 '기발리승氣發理乘' 하나뿐이라고 보았다. 사단의 선이 비록 이理에 근원한 것이지만 그 선이 결코 기와 무관할 수 없다는 것이다. 이에 근원한 선 그대로 발현하려면 그 이를 실현하는 기가 본연의 기여야 한다. 현실 세계에서 발하는 원인은 이理지만 발하는 것은 기氣이기 때문이다.

이황의 이발理發은 외부 대상을 감각하지 않고 선한 본성仁으로부터 감정이 곧바로 나왔다고 하는데, 이것을 이이는 논리적 모순이라고 비판했다. 현실 세계에서 유자입정孺子入井의 상황을 감각한 후에 본성으로부터의 선한 감정이 발출하는 것이지 상황을 인지하지 않고서 그 대상에 대한 감정을 가질 수는 없다. 감각한 후의 반응으로 나오는 감정은 이발理發이 아니라 기의 작용氣發일 수밖에 없다. 만일 대상을 감각하지 않고서 본성으로부터 나오는 감정理發이 있다고 한다면 그것은 '마음의 병心病'이라고 이이는 지적한다.

이기론으로 해석해도 이황의 호발설에 문제가 있다고 보았다. 성리학에서 이理는 형이상자로 무위無爲하고, 기氣는 형이하자로 유위有爲한 것으로 정의한다. 그리고 이기는 비록 구분되는 것理氣不相雜이지만 현실 세계에서 이는 기에 의해 실현되고, 기는 이에 근거하여 작용하기 때문에 서로 떨어질 수 없는 것理氣不相離이다. 즉 현실세계의 모든 존재는 이와 기로 구성되는 것이고 작용하는 유위한 것은 기뿐이다. 따라서 현실 세계에서 작용하는 감정은 기발氣發로 표현되지 이발理發이라고 할 수 없다는 것이다.

도덕 감정과 일반 감정에 관한 논쟁이었던 이황과 기대승의 사단칠정론은 이이가 이황과 다른 성리설을 전개하면서 학파적 성격을 띠게 된다. 이이를 중심으로 하는 율곡학파와 이황을 중심으로 하는 퇴계학파의 형성이 그것이다. 이후로 율곡학파 내에서는 호락논쟁이 전개되며 인간과 동물의 본성에 대한 동이同異 문제와 명덕明德에 관한 문제 등에 관한 첨예한 논쟁이 전개되었다. 이러한 논쟁은 율곡학파뿐만 아니라 퇴계학파로까지 확대되며 본연지성本然之性과 기질지성氣質之性, 체體과 용用, 성性과 정情, 이발理發과 기발氣發, 미발未發과 이발已發 등 다양한 논제들이 검토되었다.

9.
선악 선택의 자율성: 다산 정약용의 선

　　　　　성리학에서 전통적으로 선은 인간 본성에 근원한 것
으로, 본성의 선함이 다른 존재와의 차별성이며 인간다움의 원천이었다.
그리고 그 본성을 온전하게 의식 속에서 드러내고자 하는 함양 공부와 함
께 실천을 통해 본성을 실현하고자 하는 것이 성리학자들의 공부였다. 조
선 성리학은 퇴계학파와 율곡학파를 중심으로 인간 본성과 감정, 공부론
등에 대한 이기론적 해석을 전개하며 치열하게 논쟁했다. 이러한 경향이
조선 후기에 오면 이들 전통적인 논쟁의 전제들을 근본적으로 재정립하려
는 움직임으로 변화한다. 특히 다산 정약용丁若鏞은 인간 본성에 대한 전통
성리학자들의 이해를 재정립했다.

　그는 전통적인 조선 성리학자들의 해석을 고증하며 새로운 분석을 시
도했다. 조선 성리학의 주요 논쟁들 속에 대립되었던 논제들을 비판적으
로 바라보고, 심성론의 이기론적 해석에 대해서도 무의미함을 지적했다.
선의 근원인 인간 본성을 근본적으로 다르게 해석하고 있다.

맹자의 사단으로부터 시작된 성선설은 유학의 중요한 핵심 명제가 되었고 송대에 오면 이기론적 분석이 더해지면서 본연지성과 기질지성, 미발과 본성, 본성의 실현을 강구하는 공부방법론 등이 논의되었다. 이러한 논의들은 인간 본성이 생득적이고 선험적인 것으로 내재하는 것임을 전제했다. 그런데, 정약용은 사단의 '단端'을 인의예지라는 사덕의 단서 혹은 실마리로 보지 않고 '처음始'으로 보았다. 인의예지가 시작되는 것으로 보고 인의예지가 온전히 이루어졌을 때 비로소 사덕이라는 명칭이 있을 수 있다고 했다.

그렇다면 맹자의 사단과 본성을 정약용은 어떻게 해석할까? 정약용에 따르면, 유자입정孺子入井을 목격했을 때 측은惻隱한 마음이 생기지만 가서 그 아이를 구하지 않으면 인仁하다고 할 수 없다고 한다. 또한 동냥하는 거지에게 한 그릇의 밥을 주면서 멸시하거나 발로 차는 것을 부끄럽고 싫어하면서도 그렇게 한다면 의롭다고 할 수 없다고 한다. 예禮와 지智도 마찬가지다. 사덕은 그 마음에 따른 실천이 이루어질 때만 덕德이라고 할 수 있다. 따라서 맹자가 말한 사단은 '네 가지 덕의 시작'이고 그것이 실천으로 이루어질 때 비로소 '네 가지 덕'으로서 확립되는 것이다.

전통적으로는 사단이 인간 본성의 선함을 추론하는 단서로 보았던 것과 다르게 해석하면서 정약용은 새롭게 입론했다. 그는 인간 본성을 당시 경전에서 '성性'의 용례를 검토하며 성선설이 맹자가 창안한 것이 아니라고 밝히고, 조선 성리학자들이 이해하는 본성의 의미와 다르다고 주장했다. 그리고 '성性'은 기호嗜好로 해석해야 함을 논증했다.

예를 들어 입口이 좋은 맛을 즐기려 하는 것은 입의 성향이다. 귀나 눈도 아름다운 소리나 미색美色을 즐기려는 것이 귀나 눈의 성향이다. 그래서 역사적으로는 춘추시대 역아易牙라는 뛰어난 요리사의 음식을 좋아하지 않는 사람이 없었으며, 사광師曠의 음률에 대한 판단을 따르지 않는 이가 없었고, 자도子都의 외모가 잘 생겼다는 것을 부정하는 이가 없었다고 한다. 이것을 통해 정약용은 입의 성향이나 귀, 눈의 성향이 인간의 보편적인 것임을 논증했다. 입이 좋은 맛美味을 즐기는 성향이 있듯 인간의 마음도 '선을 즐기고 악을 부끄러워하는樂善恥惡' 성향이 있는데, 이것이 인간의 본성이라고 추론했다.

마음의 기호인 '선을 즐기고 악을 부끄러워하는樂善恥惡' 본성은 어떻게 논증 가능할까? 정약용에 따르면 낙선치악樂善恥惡의 기호는 두 가지 측면에서 징험할 수 있다고 한다. '인간관계 속에서의 즉각적인 행위目下之耽樂'로 드러나는 기호와 '삶의 과정畢竟之生成'에서 증험되는 기호다. 전자는 선행을 하고는 스스로 흡족해하고 악행을 하면 초라하게 여기며, 선행을 하지 않았는데도 선하다는 칭찬을 받으면 기쁘고 악행을 했는데도 비방을 받으면 분노하며, 남의 선행을 좋게 여기고 남의 악행을 미워하는 데서 알 수 있다고 보았다. 자신의 행위나 남의 행위에서 확인할 수 있는 성향으로 '인간관계 속에서의 즉각적인 행위'로 드러나는 기호다.

후자는 지속적인 삶의 과정으로 증험되는 기호를 말하는데, 선행을 쌓아 의로운 마음을 모으는 사람이 부끄러움 없고 당당한 삶을 살아가고, 이것이 오래 쌓이면 호연지기浩然之氣가 생겨 부귀빈천에도 올곧은 삶을 지속할 수 있고, 더 나아가 천지와 합일된 덕을 온전히 이룬 사람이 되는 데서 확인할 수 있는 기호다.

기호로서 정의하는 정약용의 본성에 대한 이해는 전통 성리학자들이 선으로서의 인간 본성을 실재로 이해하는 것과는 사뭇 다른 사유 방식이다. 그는 인의예지의 본성을 복숭아씨나 살구씨처럼 네 개의 낱알로 마음속에 실재하는 것으로 이해하는 것에 반대했다. 더 나아가 기호로서의 본성이 네 가지 성향으로만 한정되지 않는다고 했다. 즐거움樂이나 용기勇나 믿음信과 같은 것들도 마음에 뿌리를 두고 있다가 이것이 인간의 마음으로 드러나고 실천으로 연속될 때 선을 지향하고 악을 부끄러워한다고 보았다. 즉 인간의 다양한 감정은 모두 마음에 뿌리를 두고 있으며, 드러난 마음이 실천으로 이어질 때 선을 지향하고 악을 지양하는 성향을 가진다는 것이다.

이는 기존 성리학에서 본연으로서의 선을 이론적으로도 확보하기 위해 펼쳤던 본연지성과 기질지성의 논의를 무의미하게 만든다. 정약용에게 본성은 하나이기 때문에 두 개의 구분이 필요 없다. 만약 본연지성의 경우 인간과 동물에게 보편적으로 본유된 것이라면 소의 경우에도 교육으로 도덕적 인식과 실천을 가능하게 할 수 있어야 한다고 비판했다.

또한 전통 성리학자들이 악惡의 원인으로 기질을 지목하는데, 정약용은 기질과 선악은 무관하다고 말했다. 기질이 탁하고 더러운 사람이라고 해서, 설령 가장 어리석은 부류의 사람인 하우下愚라고 해서 악인이 되는 것이 아니라고 했다. 단지 기질은 인간을 슬기롭게 하거나 미련하게 할 수는 있지만 그것이 곧 선인이 되거나 악인이 되는 필연적 원인은 아니라고 보았다. 그 역사적 사례로 기질적으로 우둔했지만 덕을 이루었던 안자顔子와 증자曾子가 좋은 예이고, 기질적으로 대체로 맑았지만 악인이 되었던 왕망王莽이나 조조曹操가 반대의 예라고 했다. 만일 우연적 요소인 기질의 청탁이 인간의 선악과 필연적으로 연결된다면 천하 사람들이 도덕적 인간이 되기 위한 노력을 할 수 없을 것이라고 보았다.

물론 전통 성리학자들의 본성에 대한 이론, 즉 선의 본원으로서의 본연지성과 악의 원인으로서의 기질 등에 대한 정약용의 비판도 충분히 반론을 받을 수 있다. 예컨대 보편적 본성으로서의 본연지성이 소와 같은 동물에게 부여되었다 하더라도 이미 기질에 의해 구애되었기 때문에 도덕적 의식이나 행위는 가능하지 않다. 또한 타고난 기질의 경우 운명적인 것이 아니라 인간 스스로의 노력 여하에 따라 변화 가능한 것이라고 전통 성리학자들은 이해했기 때문에 정약용의 비판과 같이 기질의 청탁淸濁과 선악을 필연적으로 연관 지을 수 없다.

맹자의 성선설을 기호로서 새롭게 해석한 이유는 무엇인가? 그가 기호로서의 선과 덕으로서의 선을 구분하는 목적이 무엇일까? 기호는 주체의 의지에 따라 바뀔 수 있다. 전통 성리학자들의 이해에서 보면 맹자의 '본성의 선함'은 이미 하늘로부터 품부된 것으로 인간이면 따라야 하는 운명적인 것이다. 다만 생물학적 욕망이나 물욕으로 인해, 이기론으로 말하면 기질에 의해 선한 본성이 가려지기 때문에 기질을 변화시켜 그 본성을 끊임없이 회복하려는 노력이 필요하다.

이와 달리 기호로서의 본성 해석은 본연의 '선 자체性'를 향했던 철학적 관점을 현실 속에서 선을 실천해야 하는 주체로 전환시켰다. 사실 전통 성리학에서 말하는 것처럼 본성이 본연의 선 자체라면 필연적으로 인간은 그 선을 실현할 수밖에 없는 존재이기 때문에 인간은 선을 행해야 하는 숙

명적인 존재가 된다. 정약용은 본성을 기호로서 해석함으로서 도덕 주체의 자율성을 확립시켰다. 그는 도덕 주체의 자율성을 '마음의 자주적 권능自主之權能'이라고 말한다.

정약용에 따르면, 벌의 속성은 여왕벌을 호위하는 것이지만 사람들은 호위하는 벌을 '충성스럽다忠'고 칭찬하지는 않는다. 또한 호랑이가 다른 동물들을 해치지만 그 행위를 가지고 법을 집행하는 관리가 호랑이를 벌 주고자 하지 않는다. 그것은 벌과 호랑이의 속성이 본래 그러하기 때문에 그것이 칭찬이나 형벌의 대상이 되지 않는다. 하지만 사람은 다르다고 한다. 도덕 주체로서 스스로가 자율적 판단을 할 수 있고, 낙선치악樂善恥惡의 기호를 가지고 있기 때문에 그 판단에 따른 책임을 피할 수 없다는 것이다.

선악은 인간 스스로의 자율적 판단에 따른 결과이지 인간 본성이나 기질과 같은 생득적 요소에 의한 것이 아니라고 보았다. 그렇다면 악을 범하게 되는 원인은 무엇인가? 낙선치악의 기호를 가진 마음이 왜 악을 행하게 되는 것일까? 정약용은 식색食色이나 안일安逸과 같은 형기形氣에 구속되어 악을 범하기도 하지만 그와 무관하게 벌어지는 악행도 있다고 보았다. 장패와 매색 같은 이들은 경서를 위조하여 성인을 모함하고 세상을 속였는데, 이러한 악행은 형기와는 무관한 악이라고 한다. 따라서 선행과 악행에 대한 상벌은 오롯이 인간 자신의 몫으로 남게 된다.

그럼에도 그가 말하는 선과 악의 개념은 기존 성리학의 정의에서 크게 벗어나지 않는다. 기본적으로 선은 중中을 얻은 것이고, 악은 그 중에 지나치거나 모자라는 것으로 이해한다. 다만 인물에 대한 선악의 판단에 있어서는 흑과 백처럼 엄격한 잣대를 부여했다. 예컨대 항아리에 물이 새는 작은 구멍이 생겼다면 그것이 아무리 작다 하더라도 깨진 항아리이듯이 인간도 사소한 악을 버리지 못했다면 악인이라고 했다.

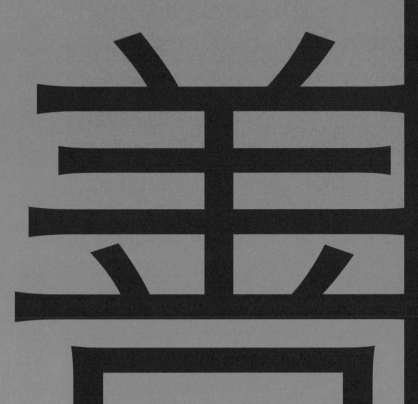

善

원전과 함께 읽는 선善

01

공자의 선: 인을 통한 선의 실현

춘추시대는 제후국들이 중국의 대통일을 꿈꾸던 때로 국가의 존망이 상존하던 시기였다. 수많은 제후국이 난립하며 전쟁을 통해 그 꿈을 이루고자 했다. 전쟁은 자연히 백성에게 의무로 부여되었고, 지배층은 백성을 수단으로 대했다. 지배층에게 전쟁은 피할 수 없는 것이고 백성을 전쟁에 동원하는 것은 당연한 일이라고 여겼을 것이다. 당연한 일이라는 것은 제후국이나 지배층에게는 필연적이고도 선한 것이라는 인식이 전제되어 있다.

이러한 일반적 인식, 특히 인간을 도구화하는 관점에 대해 반대했던 인물이 공자(기원전 551~기원전 479)였다. 공자는 인간에 대해 근원적 사랑을 주장하며 정치적 영역까지도 도덕적 범주로 포괄하여 사유했다. 이것은 인간에 대한 시각뿐만 아니라 현실 정치나 인물에 대한 평가, 역사적 사실에 대한 평가까지도 도덕적 기준을 적용한다는 의미다.

역사에서 요堯·순舜·우禹임금과 그들의 정치를 이상적 모습으로 설정하고, 특히 순임금의 음악인 '소韶'를 아름답고 선하다고 평가했다. 정치적 정당성이 도덕적 정당성과 분리되지 않는 것임을 알 수 있다. 또한 성인·군자라는 이상적 인간상을 제시하여 지배층에게 도덕적 수양을 요구했다. 인仁을 갖춘 도덕적 인간이 백성을 위해 정치를 펼 수 있다는 것이다. 기존 지배층이 백성을 도구화했던 시각은 변화되어야 하는 것이며, 그것은 성인·군자로의 지향을 통해 바뀔 수 있다고 보았다.

공자가 말하는 성인·군자는 이익을 좇지 않고 의리義理를 추구하는 자들이다. 이익의 추구는 인간을 도구로 전락시킬 가능성이 있다는 측면에서 성인·군자에게 부정적인 요소로 인식된다. 따라서 성인·군자는 이익에 의해 영향을 받지 않도록 학문을 궁구하고, 자신을 수양하며, 그에 따른 실천을 끊임없이 지속해야 한다.

성인·군자의 학문과 수양, 실천이 지향하는 가치는 공자에게서 인仁이다. 인은 흔히 덕德이지만 도덕적 가치로 보면 선善이다. 선으로서의 인은 그 자체로 이해되기보다 인간관계 속에서 이해되고 규정되었다. 사랑이라는 관념으로서가 아니라 사람이라는 대상에 대한 사랑으로 설명되거나 자신의 사욕을 이기고 객관적 도덕 규범으로서의 예를 따르는 것으로 이해되었다. 다시 말해 선을 개념적 가치로 설정하기보다는 현실 속에서 마땅히 추구해야 할 행위로서 규정했다.

따라서 '선을 어떻게 판단해야 하는가?'라는 문제에 부딪힐 때 공자는 인간의 좋아하고 미워하는 호오好惡의 감정을 제시하고, 더 나아가 공동체에서 공감하는 감정을 기준으로 제시했다. 인간의 감정을 도덕적 판단의 근거로 삼을 때 그 감정은 인간 개인의 생물학적 반응에 따른 감정이라고 보기는 어렵다. 분명 감정에 대한 도덕적 신뢰를 전제해야 한다. 감정에 대한 도덕적 신뢰는 인간 개개인의 심리적 상황에 따라 변하는 것이 아니라 누구나가 보편적으로 느낄 수 있는 감정이라고 할 때 성립 가능하다. 비록 공자에게서 구체적으로 언급되지는 않았지만, 이러한 인간의 보편적 감정에 대한 문제는 백가쟁명의 시대라 할 수 있는 전국시대에 이르러 본성에 대한 학설로 대두된다.

【공자 1】 원문 1

공자께서 순임금이 만든 악곡 소韶에 대해서 "아름다움을 이루었고 또 선善을 이루었다"라고 평했다. 무왕武王이 만든 악곡 무武에 대해서는 "아름다움은 이루었지만 아직 선善을 다하진 못했다"라고 평했다.

『논어』「팔일」

【공자 2】 원문 2

공자께서 "성인은 내가 만나 뵐 수 없더라도 군자를 만나 볼 수 있다면 이것으로도 괜찮다"라고 말씀하셨다. 공자께서 말씀하셨다. "선한 사람을 내가 만나 볼 수 없더라도 변치 않는 마음을 지닌 사람을 만나 볼 수 있다면 이것으로도 괜찮다. 없으면서 있는 척하고 비었으면서 가득한 척하며 곤궁하면서도 사치하다면 변치 않는 마음을 지니기 어렵다."

『논어』「술이」

【공자 3】 원문 3

자장子張이 선한 사람의 도리를 여쭈자, 공자께서 "성현의 자취를 따르지 않지만 또한 성인의 경지에는 들어가지 못한다"라고 말씀하셨다.

『논어』「선진」

【공자 4】 원문 4

공자께서 말씀하셨다. "군자는 타인의 아름다운 점이 이루어지도록 하고 타인의 나쁜 점은 이루어지지 않게 한다. 소인은 이와는 반대로 한다."

『논어』「안연」

【공자 5】 원문 5

공자께서 말씀하셨다. "진실로 인仁에 뜻을 두면 악하지 않을 것이다."

『논어』「이인」

【공자 6】 원문 6

공자께서 말씀하셨다. "덕을 제대로 닦지 못할까, 학문을 제대로 익히지 못할까, 의리를 알고도 실천하지 못할까, 선하지 못한 점을 고치지 못할까 등 이것이 나의 근심이다."

『논어』「술이」

【 공자 7 】 원문 7

공자께서 말씀하셨다. "오직 인仁한 자만이 타인을 좋아하는 감정이 도덕적일 수 있고, 타인을 미워하는 감정도 도덕적일 수 있다."

『논어』「이인」

【 공자 8 】 원문 8

자공子貢이 "마을 사람들이 모두 좋아한다면 어떻습니까?"라고 여쭈니, 공자께서 "아직 부족하다"라고 말씀하셨다. "마을 사람들이 모두 미워한다면 어떻습니까?" 공자께서 "아직 부족하다. 마을 사람들 중에 선善한 자가 좋아하고, 그중 불선不善한 자가 미워하는 것만 못하다"라고 말씀하셨다.

『논어』「자로」

【 공자 9 】 원문 9

공자께서 말씀하셨다. "뭇사람이 미워한다고 해도 반드시 살펴보아야 하고, 뭇사람이 좋아한다고 해도 반드시 살펴보아야 한다."

『논어』「위영공」

【 공자 10 】 원문 10

자공이 "군자도 또한 미워하는 것이 있습니까?"라고 여쭈자 공자께서 말씀하셨다. "미워하는 것이 있으니, 남의 악을 들춰내는 자를 미워하고 아래 지위에 있으면서 윗사람을 헐뜯는 자를 미워하고 용감하지만 예의가 없는 자를 미워하며, 과감하지만 막힌 자를 미워한다." "자공아, 너도 미워하는 것이 있느냐?"라고 하셨다. "몰래 엿보는 것을 안다고 여기는 자를 미워하고, 불손한 것을 용감하다고 여기는 자를 미워하고, 남의 흠을 들춰내는 것을 정직하다고 여기는 자를 미워합니다."

『논어』「양화」

【 공자 11 】 원문 11

자장子張이 공자께 "어떻게 해야 정사政事에 종사할 수 있겠습니까?"라고 여쭈자 공자께서 "다섯 미덕을 존숭하고 네 가지 악행을 물리친다면 이에 정사에 종사할 수 있을 것이다"라고 말씀하셨다. 자장이 "다섯 가지 미덕은 무엇을 말합니까?"라고 여쭈자 공자께서 답하셨다. "군자는 은혜를 베풀면서 낭비하지 않고, 수고롭게 만들면서도 원망을 듣지 않으며, 원하면서도 탐하지 않고, 태연하면서도 교만하지 않으며, 위엄 있으면서도 사납지 않다." 자장이 "은혜를 베풀면서 낭비하지 않는다는 것은 무엇을 말합니까?"라고 여쭈자 공자께서 답하셨다. "백성이 이롭게 여기는 것에 따라 이롭게 해주니, 이것이 또한 은혜를 베풀면서 낭

선善, 그리고 악惡의 논쟁

비하지 않는 것이 아니겠는가? 수고로워할 만한 때를 가려 수고롭게 하니 다시 누가 원망하겠는가? 어질고자 하여 인仁을 얻었으니 다시 어찌 탐하겠는가? 군자는 많고 적은 것에 관계없이, 크고 작은 것에도 관계없이 감히 교만하지 않으니, 이에 또한 태연하면서도 교만하지 않는 것이 아니겠는가? 군자는 의관을 바르게 하고 그 시선을 공경하게 하여 의연함이 사람들이 바라보고 두려워할 만하니, 이에 또한 위엄 있으면서도 사납지 않은 것이 아니겠는가?" 자장이 "네 가지 악행은 무엇을 말합니까?"라고 여쭈자 공자께서 답하셨다. "교령教令을 미리 가르쳐주지 않고서는 어긴 자를 죽이는 것을 '잔인하다虐'고 하고, 미리 경계하지 않고 성과를 책망하는 것을 '모질다暴'고 하고, 명령하는 것은 게을리 하면서 기한은 독촉하는 것을 '도둑질한다賊'고 하며, 마땅히 사람들에게 주어야 할 것인데 인색하게 내주는 것을 '유사나 하는 짓有司'이라고 한다."

『논어』「요왈」

───────────────

【 공자 12 】 원문 12

섭공이 공자께 의논하며 "우리 마을에 정직한 자가 있는데, 그 아비가 양을 훔치자 아들이 고발합니다"라고 말하자, 공자께서 말씀하셨다. "우리 마을의 정직한 자는 이것과는 다릅니다. 아비는 자식을 위해 숨겨주고 자식은 아비를 위해 숨겨주니, 정직함은 그 가운데 있습니다."

【공자 13】 원문 13

공자께서 말씀하셨다. "사람이면서 어질지 못하다면 예禮가 있다 한들 어쩌겠는가? 사람이면서 어질지 못하다면 악樂이 있다 한들 어쩌겠는가?"

『논어』「팔일」

【공자 14】 원문 14

번지樊遲가 인仁에 대해 여쭈었는데, 공자께서 "사람을 사랑하는 것이다"라고 말씀하셨다. 지知에 대해 여쭈었는데, 공자께서 "사람을 알아보는 것이다"라고 말씀하셨다. 번지가 아직 깨닫지 못하자 공자께서 "곧은 것을 들어서 구부러진 것 위에 놓으면 구부러진 것을 곧게 할 수 있다"라고 말씀하셨다. 번지가 물러나와 자하子夏를 보고 물었다. "방금 내가 선생님을 뵙고서 지知에 대해 여쭙자, 선생님께서 '곧은 것을 들어서 구부러진 것 위에 놓으면 구부러진 것을 곧게 할 수 있다'고 말씀하셨는데 무슨 의미인가?" 자하가 대답했다. "굉장하시다. 그 말씀하신 바가. 순께서 천하를 다스리는 임금이 되어 뭇사람 중에서 선발하여 고요를 등용하자 어질지 못한 자들이 멀어졌다. 탕께서 천하를 다스리는 임금이 되어 뭇사람 중에서 선발하여 이윤을 등용하시자 어질지 못한 자들이 멀어졌다."

【 공자 15 】 원문 15

번지가 지知에 대해 여쭈었다. 공자께서 "사람으로서의 도의에
힘쓰고 귀신을 공경하되 멀리한다면 '지혜롭다'고 할 만하다"라
고 말씀하셨다. 인仁에 대해 여쭈자 "어진 자는 어려움을 먼저
하고 얻게 되는 이익은 나중에 하는 것이니, '어질다'라고 할 만
하다"라고 말씀하셨다.

『논어』「옹야」

【 공자 16 】 원문 16

중궁이 인仁에 대해 여쭈었다. 공자께서 "문을 나서면 귀한 손님
을 만난 듯이 하고, 백성을 부릴 때는 큰 제사를 받들 듯이 해야
한다. 자신이 하고자 하지 않는 바는 남에게도 베풀지 말아야 한
다. 나라에 있어서는 원망받지 않을 것이고, 집안에 있어서도 원
망받지 않을 것이다"라고 말씀하셨다. 중궁은 "제가 비록 불민
하지만 이 말씀을 일로 삼고자 합니다"라고 했다.

『논어』「안연」

【 공자 17 】 원문 17

안연이 인仁에 대해 여쭈었다. 공자께서 말씀하셨다. "자신을 극
복하고 예로 돌아가는 것을 인仁이라고 한다. 하루 동안 자신을

극복하고 예로 돌아간다면 천하가 인仁으로 돌아갈 것이다. 인仁을 행하는 것은 자신으로 말미암는 것이지 타인으로 말미암겠는가?" 안연이 "그 절목을 청하여 여쭙니다"라고 했다. 공자께서 "예가 아니면 보지 말아야 하며, 예가 아니면 듣지 말아야 하며, 예가 아니면 말하지 않아야 하며, 예가 아니면 움직이지 말아야 한다"라고 말씀하셨다. 안연은 "제가 비록 불민하지만 이 말씀을 일로 삼고자 합니다"라고 했다.

『논어』 「안연」

【 공자 18 】 원문 18

공자께서 말씀하셨다. "선비가 도道에 뜻을 두고도 남루한 옷과 거친 음식을 부끄러워하는 자는 더불어 논의하기에 부족하다."

『논어』 「이인」

【 공자 19 】 원문 19

자장이 공자께 인仁에 대해 여쭈자 공자께서 말씀하셨다. "다섯 가지를 천하에 행할 수 있으면 인仁이다." "그것을 묻고자 합니다." "공손함恭, 관대함寬, 미더움信, 분발함敏, 은혜로움惠이다. 공손하면 모욕되지 않을 것이며, 관대하면 뭇사람의 마음을 얻을 것이며, 미더우면 남들이 신뢰할 것이며, 분발하면 공이 있을 것이고, 은혜로우면 사람을 부릴 수 있을 것이다."

『논어』 「양화」

【공자 20】 원문 20

번지가 인仁에 대해 여쭈자 공자께서 말씀하셨다. "거처할 때는
공손히 하고, 일을 맡아 할 때는 공경히 하며, 사람과 함께 할 때
는 충성스럽게 한다. 비록 오랑캐 나라夷狄에 간다 하더라도 그
만둘 수 없다."

『논어』「자로」

【공자 21】 원문 21

증자가 말했다. "선비는 뜻이 크고 굳세지 않으면 안 되니, 맡은
바가 무겁고 갈 길이 멀기 때문이다. 인仁을 자신이 맡아야 할 바
로 여기니 또한 무겁지 않는가? 죽고 난 뒤에야 그만둘 수 있으
니 또한 멀지 않은가?"

『논어』「태백」

【공자 22】 원문 22

공자께서 말씀하셨다. "덕을 닦지 못할까, 배움을 강구하지 못
할까, 의로움을 듣고서 실천할 수 없을까, 좋지 않은 점을 고치
지 못할까, 이런 것이 나의 근심거리다."

『논어』「술이」

02

맹자의 선: 도덕적 정당성으로서의 선한 본성

춘추시대는 전국시대를 거치면서 군웅할거의 제후국들이 점차 전국칠웅戰國七雄으로 좁혀지고 전국 통일을 위한 부국강병의 필요성이 절실히 요구되기 시작했다. 그러나 인仁과 예禮에 기반한 인간관계를 추구했던 유학은 전국칠웅의 시대에도 국기 이익보다는 덕위로서의 정치를 주상했다. 그 대표적 인물이 맹자(기원전 372~기원전 289)였다. 그는 공자의 인 사상을 구체화시키며 자신의 이론을 정립했다. 사마천의 『사기史記』에 따르면 그는 공자의 손자인 자사子思의 문인으로 알려져 있다.

맹자는 인간의 보편적 감정을 사단四端으로 제시했고, 그것을 근거로 인간 본성과 본성의 선함을 증명했다. 유자입정儒子入井의 사례를 통해 인간에게는 거부하거나 제어할 수 없는 측은·수오·사양·시비의 감정이 있다고 했는데, 이것은 감정의 보편성을 객관적으로 논증한 것이다. 또한 그 감정이 선하다는 것을 입증하고, 그 감정이 인간 내면의 무엇인가로부터 발출되는 것이고, 발출의 근원이 인의예지의 본성임을 추론했다. 이로써 공자의 사상에 전제되었어야 할 인간 감정에 대한 긍정적 신뢰가 인간 본성으로서 확보되었다. 선한 본성에 근거하여 인간다운 삶이 다른 것이 아닌 본성에 근거한 감정에 따라 사는 것임을 밝혔다.

천하 통일을 국가적 사명으로 삼았던 전국시대에 백성의 삶은 국가적 관점에서 규정되는 것이 일반적 시각이었을 것이다. 그런데 공자의 사상을 계승한 맹자가 국가 중심의 사유를 사람 중심의 관점으로 전환시켜, 개인의 삶을 긍정하고 그것이 가치 있는 것임을 주장했다. 따라서 맹자의 사상 속에서 군왕의 위상은 백성보다 아래에 있었고, 백성은 가장 귀한 존재로 이해되었다.

그는 이어 당대 신분질서人爵와는 다른 인간다운 삶을 중심으로 한 도덕적 신분질서天爵를 제시했다. 물론 모든 인간이 지향해야 하는 것이 아니었다. 성인·군자를 지향하는 유학자에게 천작天爵이라는 도덕적 신분질서는 중요하지만, 맹자는 이것을 백성에게까지 요구하지 않았다. 생계를 보장받지 못한 백성의 현실 속에서 도덕이 얼마나 무의미할 수 있는지를 맹자는 분명하게 인식했기 때문이다.

그리고 백성의 도덕적 규범 준수 여부는 궁극적으로 통치 계층의 몫으로 남겼다. 다시 말해 치세의 책임은 지배계층에게 부여하고, 지배계층의 정치적 공효는 백성의 삶을 통해 평가하도록 했다.

도덕적 선악의 문제는 맹자에게서 인간 본성의 차원으로 전환되었다. 맹자 이전에는 대개 선善이나 악惡이 현실 속에 드러난 행위나 결과로서 이해되었다. 그런데 맹자가 인간 본성을 선한 것으로 규정하고, 그 선을 인간의 보편성으로 설정함으로써 선은 인간의 본질이 되었다. 자연히 맹자는 선한 본성을 가진 인간이 왜 악한 행위를 하게 되는지를 설명해야 한다.

그는 사람들이 민둥산이라고 여겼던 우산牛山을 언급하며 우산에도 아름다운 나무가 있었다는 것을 상기시켰다. 그러나 성문 밖에 있다 보니 관리가 소홀해져 사람들이 나무를 베어 가고, 더욱이 싹이 나도 낮 동안 방목된 소나 양이 그것조차 자랄 수 없게 만들었기 때문에 민둥산이 되었다고 한다. 인간 본성이 선한 데도 불구하고 인간이 악한 행동을 하는 이유가 우산의 나무와 다르지 않다는 것을 지적했다.

이러한 맹자의 성선설에 대한 의문은 고자나 순자, 양웅에 의해 제기된다.

【 맹자 1 】 원문 23

호생불해浩生不害가 "악정자樂正子는 어떤 사람입니까?"라고 묻자 맹자는 "선善한 사람이며 미더운 사람이다"라고 말했다. "무엇을 '선하다善'고 말하며, 무엇을 '미덥다信'고 말합니까?" "하고자 할 만한 것을 '선하다'라고 말하며, 자기에게 있는 것을 '미덥다'라고 말하며, 충실한 것을 '아름답다'라고 하며, 충실하여 빛이 나면 '위대하다'고 말하고, 위대하면서 변화시키는 것을 '성스럽다'고 하며, 성스러우면서 알 수 없는 것을 '신묘하다'고 한다. 악정자는 '선한 것'과 '미더운 것' 사이에 있고 다른 네 가지의 아래에 있다."

『맹자』「진심 하」

맹자가 말했다. "하지 말아야 할 바를 하지 않고, 하고자 하지 말아야 할 바를 하고자 하지 않아야 하니, 이와 같으면 된다."

『맹자』「진심 상」

맹자가 말했다. "사람은 모두 남에게 '차마 하지 못하는 마음不忍 人之心'이 있는데, 선왕들은 '남에게 차마 하지 못하는 마음'을 지니고 이에 남에게 차마 하지 못하는 정치를 행하셨다. '남에게 차마 하지 못하는 마음'으로 남에게 차마 하지 못하는 정치를 행한다면 천하를 다스리는 것은 손바닥 위에서 운용하는 것과 같았을 것이다. '사람에게는 모두 남에게 차마 하지 못하는 마음을 가진다'고 말하는 바는, 지금 어떤 사람이든지 어린아이가 우물에 떨어지려는 것을 별안간 보게 된다면 모두 놀라고 측은해 하는 마음이 생긴다는 것이다. 어린아이의 부모와 친분을 맺으려는 의도도 아니고, 마을이나 친구들에게 명예를 구하려는 의도도 아니며, 비난을 싫어해서 그렇게 한 것도 아니다. 이로써 본다면 측은해 하는 마음이 없다면 사람이 아니며, 부끄러워하고 미워하는 마음이 없다면 사람이 아니며, 사양하는 마음이 없다면 사람이 아니며, 시비를 가리는 마음이 없다면 사람이 아니다. 측은해 하는 마음은 인仁의 단서이며, 부끄러워하고 미워하는 마음은 의義의 단서이며, 사양하는 마음은 예禮의 단서이며 시비를 가리는 마음은 지智의 단서다. 사람에게 네 가지 단서가 있는 것은 사지四肢가 있는 것과 같다."

『맹자』「공손추 상」

【맹자 4】 원문 26

하고 싶은 바가 살아 있는 것보다 절실한 것이 있고 싫어하는 바가 죽음보다 더한 것이 있는데, 유독 현자만이 이 마음을 가진 것이 아니라 사람이라면 모두 가진 것이지만 현자라야 잃지 않을 수 있다. 한 그릇의 밥과 한 대접의 국을 얻는다면 살 수 있고 얻지 못하면 죽는다 해도 야단치며 준다면 길 가는 사람이라도 받지 않을 것이며 발로 차서 준다면 거지라도 달가워하지 않을 것이다.

『맹자』「고자 상」

【맹자 5】 원문 27

맹자가 말했다. "군자가 사람들과 다른 점은 마음을 보존한다는 것이다. 군자는 인仁으로 마음을 보존하고 예禮로 마음을 보존한다. 인자仁者는 사람을 사랑하고 예를 지닌 자는 사람을 공경한다. 사람을 사랑하는 자는 사람들도 항상 그를 사랑하고 사람을 공경하는 자는 사람들이 항상 그를 공경한다. 여기에 어떤 사람이 있는데 그가 나를 포악하게 대하는 경우, 군자라면 반드시 스스로 돌이켜 보며 '내가 분명 어질지 못했을 것이며, 무례했을

선善, 그리고 악惡의 논쟁

것이다. 그렇지 않다면 어찌 이런 일이 일어날 수 있겠는가?'라고
여길 것이다. 스스로 돌이켜 봐도 어질게 행동했고, 돌이켜 봐서
예의를 갖췄는데도 포악한 대우였다면 군자는 반드시 돌이켜 보
며 '내가 분명 정성을 다하지 않았을 것이다'라고 여길 것이다.
돌이켜 봐서 정성을 다했는데도 포악한 대우였다면 군자는 '이
일은 명령된 사람 때문이다. 이와 같다면 금수와 무엇이 다르겠
는가? 금수에게 다시 무엇을 꾸짖겠는가?'라고 말할 것이다. 그
러므로 군자는 종신토록 근심하는 것이 있지만 하루아침 동안
의 걱정은 없다. 종신토록 근심하는 바는 '순임금도 사람이고 나
또한 사람인데, 순임금은 천하에 본받을 만하게 되어 후세에 전
할 만하지만 나는 아직 향촌 사람을 면하지 못한다'는 것으로,
이것이 근심스럽다. 근심스러운 것은 어떻게 해야 하는가? 순임
금처럼 할 따름이다. 만약 군자는 걱정하는 바가 없으니 인仁이
아니면 하지 않고 예禮가 아니면 행하지 않는다. 만약 하루아침
의 걱정이 생긴다 해도 군자는 걱정하지 않는다."

『맹자』「이루 하」

【 맹자 6 】 원문 28

비록 사람에게 보존된 것인들 어찌 인의仁義의 마음이 없겠는
가? 그 양심을 놓치는 까닭은 또한 도끼가 산의 나무를 매일 베
어내는 것과 같으니 아름답게 될 수 있겠는가? 밤낮으로 키우는
새벽의 평탄한 기운에도 선을 좋아하고 악을 미워하는 마음이

사람들과 서로 가깝지 않다면 낮에 하는 일을 이욕利慾에 붙들려 잃게 된다. 이욕에 붙들리는 것을 반복하면 그 야기夜氣로는 보존하기에 부족하다. 야기로 보존하기에 부족하면 금수와 멀지 않다. 사람들은 그의 금수 같은 면만 보고 일찍이 자질이 없었다고 생각하는데, 이것이 어찌 사람의 실상이겠는가? 따라서 육성하는 기운을 얻는다면 성장하지 못할 존재가 없을 것이며, 진실로 그 육성하는 기운조차 잃는다면 사라지지 않을 존재가 없을 것이다. 공자께서 "잡으면 보존되고, 놓으면 잃는다. 나가고 들어오는 것이 정해진 때가 없고, 그 향하는 바를 알지 못한다"라고 말씀하셨으니 오직 마음을 말씀하신 것이다.

『맹자』 「고자 상」

【 맹자 7 】 원문 29

닭이 울면 일어나서 부지런히 선을 행하는 자는 순임금의 부류이고, 닭이 울면 일어나서 부지런히 이익을 챙기는 자는 도척盜跖의 무리이니 순임금과 도척의 구분을 알고자 한다면 특별한 것이 없다. 이익과 선의 차이일 뿐이다.

『맹자』 「진심 상」

【 맹자 8 】 원문 30

맹자가 양혜왕을 만났다. 양혜왕이 "어른께서 천리를 멀다 여기지 않고 오셨는데, 장차 우리나라를 이롭게 할 수 있겠습니까?"

선善, 그리고 악惡의 논쟁

라고 하자 맹자가 답했다. "왕께서는 하필 이익을 말씀하십니까? 단지 인의仁義가 있을 뿐입니다."

『맹자』「양혜왕 상」

【맹자 9】 원문 31

맹자가 말했다. "천작天爵이라는 것이 있고, 인작人爵이라는 것이 있다. 어질고 의롭고 충성스럽고 미더우며, 선을 즐기는 데 게을리 하지 않는 것이 천작이다. 공·경·대부, 이것이 인작이다. 옛 사람들은 그런 천작을 닦고서야 인작이 뒤따랐으나 지금 사람들은 천작을 닦아서 인작을 구하려 하고, 인작을 얻으면 천작을 버리니 미혹된 것이 심하다. 끝내는 인작마저 잃게 될 것이다."

『맹자』「고자 상」

【맹자 10】 원문 32

일정한 생업이 없으면서 불변하는 마음을 가진 이는 오직 선비士뿐이다. 백성의 경우 일정한 생업이 없으면 이로 인해 불변의 마음이 있을 수 없다. 진실로 불변의 마음이 없으면 방자하고 편벽되며 간사하고 사치스런 짓을 하지 않을 수 없다. 죄에 빠진 연후에 죄에 따라서 처벌한다면 이는 '백성을 그물질罔民하는 것'이니 어찌 어진 사람이 왕위에 있으면서 백성을 그물질하는 것을 행할 수 있겠는가? 그러므로 명철한 군주는 백성의 생업을 마련하여 반드시 위로는 부모를 섬길 수 있고 아래로는 처자를 기를 수 있게 해주었다. 풍년에는 사는 동안 배부르게 했고 흉년에는 죽음에 이르는 지경은 면하게 한 연후에 몰아서 선으로 가게 했기 때문에 백성이 따르기에 쉬웠다. 지금에는 백성의 생업을 마련했으나 위로 부모를 섬기기에도 부족하고 아래로는 처자를 건사하기에도 부족하며, 풍년에는 사는 내내 고통스럽고 흉년에는 죽음을 면치 못한다. 이는 죽음에서 구제하기에도 넉넉하지 못할까 두려운 것인데 어느 겨를에 예의로 다스리겠는가?

『맹자』「양혜왕 상」

【 맹자 11 】 원문 33

송구천宋句踐이 "어찌 해야 스스로 만족할 수 있습니까?"라고 묻자 맹자께서 답했다. "덕을 존숭하고 의로움을 즐긴다면 스스로 만족할 수 있을 것이다. 그런 까닭에 선비士는 곤궁해도 의로움을 잃지 않으며 높은 지위에 올라도 도에서 떠나지 않는다. 곤궁해도 의로움을 잃지 않는 까닭에 선비는 자신에게 만족할 수 있으며, 높은 지위에 올라도 도에서 떠나지 않는 까닭에 백성은 실망하지 않을 수 있다. 옛사람들이 뜻을 이루면 혜택이 백성에게 베풀어졌고, 뜻을 이루지 못하면 자신을 수양하여 세상에 드러났으니, 곤궁한 경우엔 홀로 그 자신을 선하게 했고, 높은 지위에 오른 경우엔 천하를 아울러 선하게 했다."

『맹자』「진심 상」

맹자가 말했다. "그 사람됨이 선善을 좋아한다." 공손추가 "선善을 좋아하는 것으로 국정을 맡기에 족합니까?"라고 묻자 맹자가 답했다. "선을 좋아하는 것은 천하를 다스리기에도 넉넉한데 하물며 노나라 정도이겠는가? 진실로 선을 좋아하면 사해 안의 모든 사람이 천리도 멀다 않고 찾아와서 선을 알릴 것이다. 만일 선을 좋아하지 않는다면 사람들이 장차 '거드름 피우는 것을 내 이미 그럴 줄 알고 있었다'라고 말할 것이니, 거드름 피는 음성이나 낯빛이 천리 밖에서 사람들을 막아 선다. 선비들이 천리 밖에서 멈추어 서면 참소하거나 면전에서 아첨하는 사람이 모일 것이다. 참소하거나 아첨하는 사람들과 지내면 나라를 다스리고자 해도 할 수 있겠는가?"

『맹자』 「고자 하」

맹자가 말했다. "어진 말은 어진 명성이 사람들에게 깊이 배어드는 것만 못하다. 선善한 법령은 선한 교화가 민심을 얻는 것만 못하다. 선한 법령은 백성이 두려워하고 선한 교화는 백성이 아끼니, 선한 법령은 백성의 재물을 거두고, 선한 교화는 민심을 얻는다."

『맹자』 「진심 상」

【 맹자 14 】 원문 36

도응桃應은 "순임금이 천자이고 고요皐陶가 신하로 있는데, 고수가 사람을 죽였다면 어떻게 합니까?"라고 물었다. 맹자가 "법을 집행할 뿐이다"라고 말했다. "그렇다면 순임금이 막지 않겠습니까?"라고 하자 맹자가 "순임금이 어찌 막을 수 있겠는가? 법은 전수된 것이기 때문이다"라고 말했다. "그렇다면 순임금은 어떻게 합니까?" 맹자가 말했다. "순임금은 마치 헌신짝 버리듯 천자의 지위를 그만두고는 몰래 아버지를 업고 도망가 해변을 따라 살아가면서도 평생 흔연히 즐거워하겠지만 천하는 잊고 지낼 것이다."

『맹자』 「진심 상」

【 맹자 15 】 원문 37

맹자가 말했다. "불효에는 세 가지가 있는데, 후손이 없는 것이 큰 불효다. 순임금께서 부모님께 고하지 않고 장가들었던 것은 후손이 없을까 해서였다. 후세 군자들은 '예禮다. 고한 것과 다르지 않다'라고 여겼다."

『맹자』 「이루 상」

【 맹자 16 】 원문 38

만장이 물었다. "『시경詩經』에 '아내를 맞으려면 어찌 해야 하나? 반드시 부모에게 고해야만 하네'라고 하는데, 진실로 이 말에 따

선善, 그리고 악惡의 논쟁

르면 마땅히 순임금 같아서는 안 될 것입니다. 순임금께서 고하지도 않고 장가들었던 것은 무엇 때문입니까?" 맹자가 말했다. "부모님께 고했다면 장가들 수 없었을 것이다. 남녀가 결혼하여 한집에 사는 것은 인륜 중에서도 중요한 것인데, 만일 고했다면 중요한 인륜을 폐하게 되어 부모를 원망하게 되었을 것이니, 이런 까닭에 고하지 않았던 것이다."

『맹자』 「만장 상」

【 맹자 17 】 원문 39

고자가 "타고난 것을 본성이라고 합니다"라고 했다. 맹자가 "타고난 것을 본성이라고 하는 것은 예컨대 흰 것을 희다고 하는 것인가?"라고 묻자 "그렇습니다"라고 답했다. "흰 깃털의 흰색은 흰 눈의 흰색과 같으며, 흰 눈의 흰색은 백옥의 흰색과 같은가?"라고 묻자 "그렇다"고 답했다. "그렇다면 개의 본성은 소의 본성과 같고, 소의 본성은 사람의 본성과 같다는 것인가?"

『맹자』 「고자 상」

【 맹자 18 】 원문 40

고자가 "식욕과 색욕은 본성이다. 인仁은 내적인 것이지 외적인 것이 아니며, 의義는 외적인 것이지 내적인 것이 아닙니다"라고 했다. 맹자가 "무엇 때문에 '인은 내적인 것이고 의는 외적인 것'이라고 말하는가?"라고 묻자 고자가 말했다. "저쪽에 어른이 있어서 내가 어른으로 공경하는 것이지 내 안에 어른에 대한 공경심이 있었던 것이 아닙니다. 마치 저것이 희기 때문에 외부에 있는 그 흰색을 따라서 내가 희다고 여기는 것과 같습니다. 그런 까닭에 외적인 것이라고 말했습니다." 맹자가 말했다. "백마의 흰빛이나 백인의 흰빛에는 차이가 없다지만, 설마 나이 든 말을 존중하는 것이나 나이 든 어른을 존중하는 데에 차이가 없겠는가? 또한 나이 든 것을 의義라고 하는가? 존중하는 것을 의라고 하는가?" 고자가 말했다. "내 아우라면 내가 아끼지만 진秦나라 사람의 동생이라면 내가 아끼지는 않습니다. 이것은 나를 기준으로 마음이 따른 것이기에 내적인 것이라고 했습니다. 나이 든 초楚나라 사람을 존중하고 또한 나의 웃어른을 존중하는데, 이것은 나이 든 것을 기준으로 마음이 따른 것이기에 외적인 것이라고 했습니다." 맹자가 말했다. "진나라 사람이 구운 고기를 좋아하는 것이나 내가 구운 고기를 좋아하는 것이나 차이가 없다. 사물의 경우에도 또한 그러한 점이 있다. 그렇다면 구운 고기를 좋아하는 것 또한 외적인 것이겠는가?"

『맹자』 「고자 상」

선善, 그리고 악惡의 논쟁

03

순자의 선: 도덕적 규범의 제도적 정당화

공자의 문하에서 맹자의 성선설에 정면으로 반박했던 인물이 순자(기원전 313~기원전 238)였다. 다만, 유학사에 있어서는 그의 사상은 부정적인 평가를 받았다. 문하생이었던 한비韓非와 이사李斯를 통해 그의 사상이 법가에 영향을 주었던 것이 이유였다. 사실 공자의 사상을 계승한 그의 사상은, 인간을 국가의 도구로 전락시킨 법가와는 근본적으로 다른 것이었음에도 이러한 부정적 평가는 여전히 기능하고 있다.

순자는 인간의 본성이 왜 악한지를 역사적 관점에서 논증했다. 자연 상태에서 인간이 어떻게 인문사회 질서를 형성할 수 있었는지에 대한 역사적 과정을 기술함으로써 인간의 본성이 본래 악하다는 것과, 선한 것은 노력의 산물임을 주장했다. 그리고 공자가 중시했던 예禮를 강조하면서 사회·국가적 질서로까지 확대했다.

그렇다면 인간의 인위적인 노력에 의해 선善이 이루어졌을 때 그것이 선한 상태라는 것을 순자는 어떻게 증명했을까? 순자는 치세와 난세라는 사회·정치적 결과로서 선악善惡을 나누었다. 사회·정치적으로 태평한 시대를 이루는 것이 선이고 치우치고 혼란한 상태를 이루는 것은 악이라고 본 것이다. 순자에게 선악은 사회·정치적 관점에서 구분되는데, 이러한 관점이 인간 개개인의 도덕적 행위도 규정하고 있다.

일반적으로 개인의 행동의 도덕적 정당성이 사회·정치적 결과와 직접적 인과관계를 갖지는 않는다. 그러나 순자는 개인의 판단이 예의禮義에 부합하는지 여부가 곧바로 치세와 난세로 이어진다고 주장했다. 오히려 인간의 욕망은 부차적이 것이라고 말하기도 한다. 그의 성악설은 욕망을 인간의 본성으로 이해하는데, 선악의 판단에서 욕망을 부정적인 것으로 여기지 않는다. 욕망을 제거해야 할 대상이 아니라 조절되어야 할 대상으로 보기 때문이다.

이제 순자는 인간은 왜 선해야 하는가라는 문제에 답해야 한다. 또한 악한 본성을 가진 인간이 성인을 지향해야 하는 정당성은 무엇인가라는 물음에 답해야 한다. 예의에 의해서 인간은 선할 수 있고, 그것을 통해 성인을 지향할 수는 있지만, 욕망을 가진 인간이 왜 욕망을 조절하며 선을 지향해야 하는가?

순자는 다른 존재와 달리 사람이 사람다운 까닭은 사람의 도리를 분별할 줄 아는 것인데, 그 분별은 예의보다 중요한 것이 없다고 한다. 결국 선을 지향해야 하는 정당성이나 성인에 대한 정당성은 예로 귀착된다. 하지만 예의가 역사적 과정 속에서 성왕이 만들어놓은 것이라는 점을 상기해보면 성왕과 같은 특별한 존재 외에 인간이 자발적으로 선을 지향하거나 스스로 성인이 된다는 것은 불가능해 보인다.

이 때문인지 순자는 예의에 맞는 행위를 한다는 것을 인간의 우월성으로 정당화하면서도 그 행위가 사회·정치적 공효로서만 기능하지 않는다고 보았다. 도덕적 행위는 양생과 관련해 개인의 수명을 연장해주고, 사회적 명성을 얻게 해주기도 하며, 반대로 부도덕한 행위는 질병을 일으키기도 한다고 말했다.

선에 대한 개인의 당위성을 논증하는 데 있어서는 의문의 여지가 있지만, 순자의 이론은 유학의 도덕적 규범을 사회·정치적으로 제도화하는 데 있어 어느 정도 정당성을 확보했다고 볼 수 있다.

【순자 1】 원문 41

사람의 본성은 악하다. 선한 것은 인위적이다. 지금 사람의 본성에는 태어나면서 이익을 좋아하는 것이 있는데, 이것에 순응하기 때문에 쟁탈하는 일이 벌어지고 사양하고 겸양하는 일이 사라졌다. 태어나면서 해치고 미워하는 마음이 있는데, 이것에 순응하기 때문에 잔인하게 해치는 일이 발생하고 충심과 신의가 사라졌다. 태어나면서 귀와 눈의 욕구가 있어서 소리나 색을 좋아하는데, 이에 순응하기 때문에 음탕하고 난잡한 일이 생겨나고 예의와 법도가 사라졌다.

「순자」 「성악」

맹자가 "사람이 배우는 것은 그 본성이 선해서다"라고 했는데, 이렇게 반론할 수 있다. "그렇지 않다. 이것은 사람의 본성을 아는 데까지 이르지 못하여 사람의 본성과 인위적인 것의 구분을 살피지 못한 것이다. 본성이라는 것은 하늘이 이뤄준 것이니 배울 수도 없고 힘쓸 수도 없다. 예의禮義라는 것은 성인이 마련한 바니, 사람들이 배워서 할 수 있는 것이고, 따르면서 성취할 수 있는 것이다. 배울 수도 없고 힘쓸 수도 없는데 사람에게 있는 것을 '본성'이라고 말하며 배워서 할 수 있고 힘써서 성취할 수 있는 것이 사람에게 있는 것을 '인위적인 것'이라고 말하니, 이것이 본성과 인위적인 것의 구분이다. 지금 사람의 본성은 눈으로 볼수 있고 귀로 들을 수 있는 것이다. 분명하게 볼 수 있는 능력은 눈에서 벗어나지 않고, 밝게 들을 수 있는 능력은 귀에서 벗어나지 않으니, 눈이 분명하게 보고 귀가 밝게 듣는 능력은 배울 수 없다는 것은 명백하다."

맹자가 "지금 사람들의 본성은 선한데, 장차 모두 그 본성을 잃기 때문에 악한 것이다"라고 했는데, 이렇게 반론할 수 있다. "이와 같이 말하는 것은 지나치다. 지금 사람들의 본성은 태어나면서 그 순박함으로부터 멀어지고 그 자질로부터 멀어져서 끝내 잃어서 없어진다. 이것으로 생각해보면 사람의 본성이 악하다는 것은 명백하다."

「순자」「성악」

지금 사람의 본성은 굶주리면 배불리 먹고자 하고 추우면 따뜻하게 하고자 하고 고단하면 쉬고자 하는데, 이것이 사람의 성정 性情이다. 지금 어떤 사람이 굶주려 있는데도 웃어른을 보면 감히 먼저 먹으려 하지 않는 것은 무릇 겸양하는 마음이 있는 것이고, 고단한데도 감히 쉬겠다고 청하지 않는 것은 무릇 대신하려는 마음이 있는 것이다. 자식이 아비에게 양보하고 아우가 형에게 양보하는 것이나 아들이 아비를 대신하고자 하고 아우가 형을 대신하고자 하는, 이 두 가지 행동은 모두 본성에 반하고 인정人情을 거스른 것이다.

『순자』 「성악」

맹자가 "사람의 본성은 선하다"라고 했는데, 이렇게 반론할 수 있다. "이것은 그렇지 않다. 무릇 예나 지금이나 하늘 아래 '선'이라고 하는 것은 도리에 맞고 태평한 상태이고, '악'이라고 하는 것은 치우치고 혼란한 상태이니, 이것이 선과 악의 구분일 뿐이다. 지금 진정 사람의 본성을 따른다면 분명 도리에 맞고 태평한 상태가 될 수 있겠는가? 그렇다면 어디에 성왕이 필요할 것이며, 어디에 예의禮義가 쓰이겠는가? 비록 성왕과 예의가 있더라도 도리에 맞고 태평한 세상에 보탤 수 있겠는가?

지금 그렇지 않으니 사람의 본성은 악하다. 그래서 옛 성인들은 사람의 본성이 악하고 치우쳐서 바르지 못하고 혼란해져 다스려지지 않는다고 생각했다. 그런 까닭에 그들을 위해 권위를 가진 군왕을 세워 다스렸고 예의를 밝혀 교화했으며, 법도를 바르게 세워 다스렸으며, 형벌을 중하게 하여 범죄를 막아서 천하가 모두 다스려지고 선善에 적합하도록 했다. 이것이 성왕의 정치이고 예의의 교화다.

지금 가정해보자. 권위를 가진 군왕을 제하고 교화하는 예의를 없애고 바른 법도에 의한 다스림을 제하고 형벌로 금한 금기들을 없애고 이것으로 의거해 천하 백성이 함께 사는 것을 살펴보자. 이와 같은 경우 강한 자는 약자를 해치고 빼앗을 것이고, 큰 집단이 작은 집단을 모질게 대하며 어지럽게 할 것이니 천하가 혼란스럽고 서로 패망하는 것은 경각도 지체되지 않을 것이다. 이것으로 보면 사람의 본성이 악하다는 것은 명백하고 그 선한 것은 인위적인 것이다."

『순자』「성악」

【순자 5】 원문 45

예의禮義는 어디에서 기원하는가? 이렇게 답할 수 있다. "사람은 태어나면서 욕망을 지닌다. 욕망하지만 얻지 못하면 구하게 되고, 구하면서 한계를 헤아리지 않으면 다투지 않을 수 없고, 다투면 혼란스러워지고, 혼란하면 곤궁하게 된다. 선왕은 그 혼란을 미워하기 때문에 예의를 제정하여 나누었고, 사람들의 욕망을 다스리며 사람들의 욕구를 충족시켰다. 욕망은 반드시 물자로 인해 곤궁하지 않았으며, 물자는 반드시 욕망에 의해 움츠러들지 않았으니, 두 가지가 서로 균형을 이루며 성장하게 했다. 이것이 예의 기원이다."

『순자』「예론」

【 순자 6 】 원문 46

마음의 판단이 예의에 맞다면 욕망이 비록 많다 하더라도 어찌 치세에 해가 되겠는가? 욕망이 적어도 행동이 거친 것은 마음이 그렇게 한 것이다. 마음의 판단이 예의에 맞지 않다면 욕망이 비록 적더라도 어찌 혼란을 멈추게 하겠는가? 그래서 치세와 난세는 마음이 판단하는 바에 관계되어 있지 성정의 욕망과는 관계가 없다. 관계된 것을 구하지 않고 관계가 없는 것을 구한다면 비록 "내가 구했다"고 말할지라도 구하지 못한 것이다. 본성은 하늘이 이루어준 것이고, 정감은 본성의 바탕이며, 욕망은 정감이 반응하는 것이다. 욕망을 얻을 수 있다고 여겨 구하게 되는 것은 정감이 반드시 피할 수 없는 바고, 옳다고 여겨 행하는 것은 지혜에서 나온 것이기 때문에 비록 문을 지킨다고 해도 욕망을 제거할 수 없으니, 본성은 고유한 것이다. 비록 천자가 되었다고 해도 욕망은 멈추지 않는다.

『순자』「정명」

【순자 7】 원문 4 7

선왕의 도道는 인仁이 융성했는데, 중中의 도리를 따라 행한 것이다. 무엇을 중中이라고 하는가? 이렇게 답할 수 있다. "예의禮義가 그것이다. 도道라는 것은 하늘의 도리나 땅의 도리가 아니라 사람의 도리이며 군자의 도리다. (…) 무릇 일을 행할 때 다스리는 데 이로운 일은 이루어지게 하고 다스리는 데 이롭지 않은 일은 폐지했으니, 이것을 '중에 맞는 일中事'이라고 한다. 무릇 지혜의 설을 펼 때 다스리는 데 이로운 것은 행하고 다스리는 데 이롭지 않은 것은 버렸으니, 이것을 '중에 맞는 설中說'이라고 한다. 일을 행할 때 중을 잃는 것을 '간사한 일姦事'이라 하고, 지혜의 설을 펼 때 중을 잃는 것을 '간교한 사상姦道'이라 한다. 간사한 일과 간교한 사상은 태평한 시대에는 버려지지만 어지러운 시대에는 따르게 된다."

「순자」 「유효」

【순자 8】 원문 4 8

사람이 사람답게 되는 까닭은 그의 두 다리가 있고 털이 없는 정도가 아니라 분별할 수 있기 때문이다. 날짐승이나 들짐승들에게도 아비와 자식이 있겠지만 아비와 자식 사이에 친애하는 정은 없으며, 암컷과 수컷이 있겠지만 남녀 사이의 분별이 없을 것이다. 그래서 사람의 도리에 분별이 없을 수 없는 것이다. 분별은 구분하는 것보다 중요한 것이 없고, 구분하는 것은 예의보다

중요한 것이 없으며, 예의는 성왕을 본받는 것보다 중요한 것이
없다.

『순자』「비상」

【순자 9】 원문 49

신분이 고르게 되면 다스릴 수 없고, 권세가 가지런하면 통일할
수 없으며, 군중이 동등하면 부릴 수 없게 된다. 하늘이 있고 땅
이 있어서 위와 아래의 차이가 있으니, 명철한 왕이 처음 정해져
서 나라를 다스릴 때 제도가 있게 되었다. 대개 양편이 존귀하면
서로 섬길 수 없고 양편이 미천하면 서로 부릴 수 없는 것인데,
이것이 하늘의 운수天數다. 권세와 지위가 동등하고 욕망하는
바와 싫어하는 것이 동일하지만 재물이 충족시킬 수 없다면 반
드시 다툴 것이다. 다투면 반드시 혼란스러워지고, 혼란스러워
지면 곤궁해진다. 선왕들은 그런 혼란을 싫어했기 때문에 예의
를 마련하여 신분을 나누고 빈부나 귀천의 차등을 두게 하여 아
울러 다스릴 수 있게 했으니, 이것이 천하를 다스리는 근본이다.

『순자』「왕제」

【순자 10】 원문 50

선을 분별하는 법도로 기질을 다스리며 양생한다면 팽조彭祖만
큼 살 수 있으며, 몸을 닦아 스스로 명성을 이룬다면 요임금이나
우임금에 짝할 수 있을 것이다. 순탄한 때에도 적절하고 곤궁에

처한 때에도 이로운 것은 예가 진실로 그러한 것이다. 혈기血氣와 의지意志, 사려思慮를 행하는 경우 예禮로 말미암으면 다스림이 태평할 것이고, 예로 말미암지 않는다면 혼란이 일어나 해이해 질 것이다. 음식과 의복, 거처와 행동거지에 있어서 예로 말미암 으면 조화롭고 적절하게 되고 예로 말미암지 않는다면 낭패롭고 병이 생길 것이다. 용모와 태도, 진퇴와 행동에 있어서 예로 말 미암으면 아름다울 것이고, 예로 말미암지 않으면 거만하고 편 벽되어 평범한 사람으로 질박해질 것이다. 그래서 사람들에게 예가 없으면 살아가지 못하고, 일에 예가 없으면 성취할 수 없으 며, 나라와 가족에게 예가 없으면 편안하지 못할 것이다.

「순자」「수신」

선善, 그리고 악惡의 논쟁

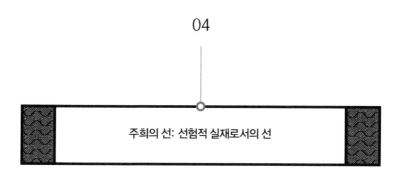

04

주희의 선: 선험적 실재로서의 선

　공자와 맹자, 순자를 거친 유학은 불교의 영향으로 형이상학적 체계를 갖추게 된다. 송대에 이르면 주돈이周敦頤, 소옹邵雍, 장재張載, 정호程顥·정이程頤, 주희朱熹(1130~1200) 등에 의해 신유학, 즉 성리학이 성립된다. 그중에서도 주희는 이기론理氣論를 구축해 성리설을 완성했다. 전국시대에 맹자와 순자를 통해 인간 본성의 문제가 부각되었다면 송대 성리학에 이르러 인간 본성론은 형이상학 체계를 구축할 뿐만 아니라 심성론, 공부론, 경세론 등 다양하게 전개되었다. 그러나 이기론으로 인간 본성뿐만 아니라 만물의 본성, 인간의 마음 등을 분석할 때 또 다른 문제들을 야기하면서 복잡한 철학적 논의를 파생시켰다.

　이기론에서 선한 인간의 본성은 이理로 정의된다.〔성즉리性卽理〕 그런데 이기론 상으로는 현실의 이理는 기氣를 통해서만 발현되기 때문에 인간 본성이 이理의 형태로 내면에 존재한다는 것은 불가능하다. 결국 맹자가 말한 선한 본성이라는 것은 인간 내면에 존재하지 않는 것이 된다. 이에 대해 송대의 성리학자들은 마음의 미발未發과 이발已發를 구분해 인간 본성이 현실에서 어떻게 존재할 수 있는지를 규명했다.

주희는 미발체인설未發體認說을 주장하는 도남학道南學과 찰식단예설察識端倪說을 주장하는 호상학湖湘學을 공부하고 나서 1169년 중화신설中和新說을 구축했다. 미발과 이발을 체용體用, 성정性情, 중화中和로 연결하며 도남학과 호상학을 종합했다. 선한 본성을 공부론에 의해 체득 가능한 것으로 이론화하면서 선善이 인간 본성으로부터 발출되는 것임을 말했다.

주희의 선한 본성에 대한 논의는 맹자의 유자입정을 이기론적으로 해석하면서 성립된 것이다. 더 나아가 이러한 본성에 대한 형이상학적 근거를 마련하는데,「중용」과 주돈이의 태극도설太極圖說을 이기론적으로 해석해 입론한 것이다.

본성 차원뿐만 아니라 마음의 충차에서도 선악의 문제를 다루었다. 인간 본성에 근거해 발출하는 마음인 도심道心은 본성의 선을 그대로 구현하지만, 형기의 사사로움으로 인해 발출하는 인심人心은 악해지기 쉽다고 했다.

주희는 이기론에서 악惡을 어떻게 설명하고 있을까? 주희에 따르면 인간 본성은 선하고, 그 선은 이로 인한 것이기 때문에 악의 원인은 기라고 한다. 이에 근거해 생각해보면 본성의 선을 실현하기 위해서는 그 선에 대한 확충의 방법과 함께 선의 실현을 방해하는 요소를 제거하는 방법이 있다. 후자에 대해서 주희는 기질을 변화시키면 도덕적 선의 실현이 가능하다고 보았다.

맹자나 순자와 달리 주자학으로 대표되는 송대 성리학은 인간 본성과 마음의 문제를 이기론적으로 분석하면서 천명과 인간 본성, 인간 본성과 미발·이발, 인심과 도심 등 다양한 층차의 철학적 문제들을 정교화시켰다. 그러나 그러한 철학적 논의들이 완정된 형태로 구축된 것은 아니다. 주자학 또한 기축년(1169)의 깨달음 이후에도 지속적으로 변화되었기 때문이다. 정주성리학을 기반으로 한 조선의 성리학에서는 이것이 철학적 논쟁의 토양을 이룬다.

【주희 1】 원문 51

진역陳易이 '고요히 움직이지 않다가寂然不動, 감발하여 드디어 통하게 된다感而遂通'는 것을 묻자 주희가 답했다. "적연은 체體이고 감感은 용用이다. 적연한 때를 만나면 이理가 분명 여기에 있지만 반드시 감발하고 난 후에야 발하게 되니, 마치 인仁이 감발하여 측은한 마음이 되지만 아직 감발하지 않았을 때에는 단지 인仁이고, 의義가 감발하여 부끄럽고 미워하는 마음이 되지만 아직 감발하지 않았을 때는 단지 의義인 것과 같다."

어떤 이가 "호굉胡宏이 이것을 말하면서 대부분 마음을 가리켜 이발已發(이미 발한 것)이라고 했습니다"라고 하자 주희가 말했다. "잘못된 것이다. 설사 이발已發이더라도 감발하는 체體는 분명 있으니 이른바 '움직이는 중에도 아직 고요하지 않았던 적이 없다'고 한 것이다. 이와 같으니 유행하며 발현하더라도 항상 우뚝하여 변하지 않는다. 이제 단지 마음을 이발이라고만 한다면 한꺼번에 근본을 없애 종일토록 분주하고 조급하게 될 것이니 매우 잘못된 것이다."

「주자어류」 「역11」

【주희 2】 원문 52

본성은 태극太極의 혼연한 체體이니 근본적으로 명칭하여 말할 수 없다. 다만 그 가운데 온갖 이치理를 갖추었지만 벼리가 되는 큰 이치가 네 가지 있기 때문에 인仁·의義·예禮·지智라고 명명했는데, 공자의 문하에서는 아직 갖추어 말한 적이 없다가 맹자에 이르러서야 비로소 갖추어 말한 것이다. 대개 공자의 시대에는 '본성이 선하다'는 이치가 본래 분명하여 비록 그 조목을 상세히 드러내지 않아도 그 설이 저절로 구비되었지만 맹자의 시대에 이르면 이단異端의 사설邪說이 떼 지어 일어나 때때로 본성을 선하지 않다고 여기게 되자 맹자가 성선性善의 이치를 분명하게 드러나지 않을까를 걱정하여 분명하게 밝힐 논리를 생각했다. 진실로 혼연한 전체全體라고만 말한다면 그것이 마치 눈금 없는 저울이나 마디 없는 자와 같아서 결국에 천하 사람을 깨우쳐줄 수 없을 것이다. 이에 구별하여 말하면서 네 가지로 갈라서 경계 지었으니, 사단四端의 설說이 여기에서 확립되었다.

대개 사단이 아직 발發하지 않았을 때는 비록 고요히 움직이지 않더라도 그 가운데에 저절로 조리도 있고 체계도 있는 것이지 혼륜渾淪하게 하나도 없는 상태가 아니다. 외부에서 감촉하자마자 내면에서 곧 감응한다. 마치 어린아이가 우물에 들어가는 상황을 감지하면 인仁의 이理가 곧 응하여 측은한 마음이 여기에 드러나게 되는 것과 같다. 마치 사당祠堂이나 조정朝廷을 지나는 상황을 감각하게 되면 예禮의 이理가 곧 응하여 공경하는 마음이 드러나는 것과 같다. 대개 그 내면의 온갖 이理가 혼연히 갖추어져 있으면서 각각 명료하게 나뉘어 있기 때문에 외부와 만나는 일에 따라 감응할 때 사단이 각기 다른 면모로 발하는 것이다. 그러므로 맹자가 이것을 분석하여 네 가지로 분류했고, 이를 배우는 자들에게 밝혀줌으로써 혼연한 전체 가운데 이와 같이 뚜렷한 조목이 있다는 것을 알게 했으니, 본성이 선하다는 것을 확인할 수 있다.

「주자대전」「답진기지」

【주희 3】 원문 53

「중용中庸」의 "기쁨喜, 분노怒, 슬픔哀, 즐거움樂의 감정이 아직 발하지 않은 것을 중中이라 한다"는 구절은 단지 사려思慮가 아직 싹트지 않았고 조금의 사욕私慾도 없어서 자연히 치우치거나 기대는 바가 없는 것이니, 이른바 '적연부동'이라는 이것이 '중'이다. 그러나 절단하여 둘로 자른 것이 아니니 마치 승가僧家에서 덩어리와 같은 것을 말한다. 다만 이 마음이 자연히 저 미발未發한 때도 있고 자연히 저 이발已發한 때도 있을 뿐이다. 이러한 일이 있어서 해야 한다는 사려가 아직 싹트지 않았을 때가 곧 '중'이고

'체體'며, 사려가 발하고서야 이와 같이 하고서 그 마땅한 것을 얻었을 때가 곧 '화和'이고 '용用'이라고 말하니, 다만 뒤섞어 서로 흐를 뿐이다. 만약 자르듯이 어떤 때는 미발이고 어떤 때는 이발이라고 여긴다면 또한 도리에 어긋난다. 요즘 배우는 자들은 매일 반나절 동안 고요하게 공부한다고 말하는데, 바로 이러한 병폐가 있는 것이다.

정단몽程端蒙이 "기쁨, 분노, 슬픔, 즐거움의 감정이 아직 발하지 않았는데 중中하지 못한 경우는 어떠한 것입니까?"라고 묻자 주희가 답했다. "이것은 도리어 기질氣質이 혼탁하여 사욕이 기승하는 것이니 손님이 와서 주인이 되는 격이다. 그 미발한 때는 단지 한 덩어리의 돌덩이 같아서 쪼개고 자르려 해도 떼어지지 않다가 발하면 바로 저렇게 어긋나게 되는 것이다."

정단몽이 "이와 같다면 혼탁힐 때에는 그것을 살피지 못하니 어찌해야 합니까?"라고 묻자 주희가 말했다. "살핀다고 말하는 것은 곧 여대림呂大臨이 '중中을 구求한다'고 한 것이니, 이는 도리어 이발이다. 마치 정이천程伊川이 '단지 평일에 함양하는 것이 이것이다'라고 한 것이다."

또 정단몽이 "사람들을 보면 날마다 미발한 때가 적고 이발한 때가 많습니다"라고 하자 주희가 "그렇다"라고 했다. 『주자어류』

「중용1·제1장」

선善, 그리고 악惡의 논쟁

「중용」의 "하늘이 명한 것을 본성이라고 한다"는 구절에서 명命은 곧 고신告身(임명장)의 종류이고 성性은 곧 마땅히 해야 하는 직무이니, 마치 주부主簿가 말소 및 등록하고 현위縣尉가 순행하며 감독하는 것과 같다. 심心은 곧 관리이고, 기질은 곧 관리가 습관적으로 따르는 것이니 혹 관대하기도 하며 엄격하기도 하다. 감정情은 곧 해당 관청에서 처결해야 할 일이니, 마치 현위가 도적을 잡는 것과 같다. 감정은 발용하는 것이고, 본성은 단지 인의예지다. 이른바 '하늘이 명하는 것'과 기질은 또한 서로 함께 얽혀 있어서 천명天命이 있으면 곧 기질이 있어서 서로 분리될 수 없다. 만일 하나가 빠지면 곧 만물이 생겨날 수 없으니, 이미 천명이 있다면 모름지기 기가 있어서 이理를 받아들일 수 있는 것이다. 만약 기가 없다면 이理를 어디에 둘 수 있겠는가?

천명으로서의 본성은 본래 치우친 적이 없다. 단지 품부받은 기질에 도리어 치우친 곳이 있으니, 기에는 어둡거나 밝고 두텁거나 엷은 차이가 있다. 그러나 인의예지는 또한 하나도 빠지는 이치가 없다. 다만 측은한 마음이 많으면 곧 흘러서 고지식하거나 유약하게 되고, 부끄러워하고 미워하는 마음이 많으면 곧 부끄럽거나 미워하지 않을 일에 부끄러워하거나 미워하게 된다.

예컨대, 빛으로 비유하면 반드시 거울이 있어야 빛이 있고, 반드시 물이 있어야 빛이 있으니, 빛이 본성이고 거울이나 물은 곧 기질이다. 만약 거울과 물이 없다면 빛 또한 흩어진다. 다섯 가지 색깔로 보자면 검은색이 많은 곳에 놓아둔다면 곧 모두 검어질 것이고, 붉은색이 많은 곳에 집어넣는다면 곧 모두 붉어질 것이니, 오히려 당신이 품득한 기가 어떠한지를 보게 될 것이다.

그러나 이理는 단지 선善일 뿐이니, 이미 이理라고 한다면 어찌 악惡할 수 있겠는가? 이른바 악은 기다. 맹자의 논의는 모두 본성이 선하다고 했다. 불선不善일 경우에는 빠졌다고 말했는데, 처음에는 불선이 없다가 나중에 불선이 생긴다고 설명한 것이다.

만약 이와 같았다면 '본성을 논하고 기氣를 논하지 않은 것'이니 조금 갖추지 못한 점이 있는 것이다. 정씨程氏가 기질을 말하여 한번 연관 지으니 처음과 마지막이 일관되어 한 번에 원만히 갖추어졌다. (…)

혹자가 "기질이 선하지 않다면 변화시킬 수 있습니까?"라고 묻자 주자가 답했다. "모름지기 변화시켜서 돌아오게 해야 한다. 남이 한 번 하면 자신은 백 번을 하고, 남이 열 번 하면 자신은 천 번을 한다면 비록 어리석었더라도 반드시 명석해질 것이며, 비록 유약했더라도 반드시 강해질 것이다.

「주자어류」 「성리1」

【주희 5】 원문 55

사람은 태어나면서 본성과 기氣가 합할 따름이다. 그러나 이미 합한 것을 분석하여 말한다면 본성은 이理를 주로 하여 형상이 없고 기는 형상을 주로 하여 바탕이 있으니, 이理를 주로 하여 형상이 없는 것이기 때문에 공변되어서 불선不善이 없으며, 그 형상을 주로 하여 바탕이 있는 것이기 때문에 사사로워서 혹 불선하다. 공변되어 선하기 때문에 발하는 것이 모두 천리天理가 운행된 것이고, 사사로워서 불선한 것이기 때문에 발하는 것이 모두 인욕人欲이 만든 것이니, 이것이 순임금이 우임금에게 인심과 도심의 구별로 경계하도록 했던 것이다. 대개 그 근본으로부터 이미 그러한 것이지, 기氣의 움직임에 지나치거나 미치지 못한 결과가 생긴 다음에 인욕으로 흐르는 것이 아니다. 다만 인심人心이라는 것이 진실로 모두 사악한 것은 아니며, 위태롭다는 것이 반드시 흉허물에 이르는 것도 아니다. 단지 이미 이理를 주로 하지 않고 형상을 주로 한다면 그 흐름이 사악해져 흉허물에 이르는 것도 어렵지 않을 것이다. 이것이 위태롭게 되는 바이니, 도심이 반드시 선하여 악이 없고 안정되어 치우침이 없고 표준이 있어 근거할 수 있는 것만 못하다. 그러므로 반드시 인심과 도심 사이에서 정밀히 살피며 한결같이 하는 데 이르러, 공변되어서 불선이 없는 것이 항상 몸과 모든 일의 주인이 되게 하고, 사사로움에 의한 불선함이 관여할 수 없게 한다면 무릇 지나친 것과 미치지 못한 것 사이에서 택할 필요도 없이 자연스럽게 중도에 맞아질 것이다.

「주자대전」 「답채계통」

하늘이 뭇백성을 내시니 사물이 있으면 법칙이 있다. 그래서 만물과 여러 일에는 각기 마땅히 머물러야 할 곳이 있는 것이다. 다만 거처하는 자리가 다르니 머물러야 하는 선善도 하나가 아니다. 그런 까닭에 군왕은 마땅히 머물러야 할 바가 인仁에 있고, 신하는 마땅히 머물러야 할 바가 경敬에 있으며, 자식은 마땅히 머물러야 할 바가 효孝에 있으며, 어버이는 마땅히 머물러야 할 바가 자慈에 있으며, 나라의 사람들과 사귈 경우에는 마땅히 머물러야 할 바가 신信에 있다. 이것은 모두 천리와 인륜의 극치이며, 사람의 마음에서 발하는 것을 막을 수 없는 것이다. 그리고 문왕文王이 천하에서 본받을 만하게 되어 후세에 전해질 수 있었던 까닭도 역시 여기에 터럭만큼도 덧붙일 수 없다. 단지 일반인과 같은 부류는 기품과 물욕에 이두워지기 때문에 항상 공경하지 못하고 그 머물러야 할 바를 잃어버린다. 오직 성인의 마음만이 안팎으로 환히 트여 한 터럭이라도 가려지는 것이 없기 때문에 계속해서 밝게 비춰서 저절로 공경하지 않는 것이 없게 되고, 머무는 것이 '지극한 선至善'이 아닌 것이 없으며, 그쳐야 할 바를 알고 난 뒤에야 그칠 필요가 없다.

(…) 그러나 군왕이 어질어야 하는 까닭이나 신하가 공경해야 하는 까닭, 자식이 효도해야 하는 까닭이나 아비가 자애로워야 하는 까닭, 벗으로서 미더워야 하는 까닭은 모두 사람의 마음과 천명이 저절로 그러한 것이지 사람이 할 수 있는 바가 아니다. 다만

일상사에서 미루어 궁구하여 그 극치에 이르고 또한 부류별로
미루어 그 나머지도 다 이를 수 있다면 천하의 사물에 대해 모두
그 지극한 선이 있는 바를 보고 그칠 수 있을 것이다.

『주자대전』「경연강의」

05

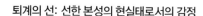

퇴계의 선: 선한 본성의 현실태로서의 감정

송대의 정주성리학을 수용한 조선은 퇴계 이황(1501~1570)과 율곡 이이를 거치면서 비로소 조선 성리학의 고유한 성격을 드러내게 되었다. 특히 추만 정지운의 「천명도설天命圖說」이 발단이 되어 이황과 고봉 기대승이 논쟁했던 사단칠정론은 주자학과 다른 이황만의 철학체계를 완성하는 데 영향을 미쳤다.

인간의 선한 본성에 대한 논거였던 맹자의 사단은 인간의 감정이다. 그런데, 절대 선이라고 할 수 있는 본성을 이기론으로 분석해보면, 악惡의 가능성이 없는 이理지만 현실적으로는 기 없는 이가 가능하지 않다. 이황은 사단의 순선함을 현실 속에서도 확보하기 위해 일반적인 감정인 칠정과 분리시키고자 했다. 그리고 논리적 정당성을 확보하기 위해 시단과 칠정의 관계를 소지所指와 소종래所從來의 관점에서, 혹은 본연지성·기질지성, 도심·인심 등과 연관 지어 논증했지만 기대승으로부터의 논리적 비판은 잦아들지 않았다. 종국에는 '이가 발하고 기가 따르는 것理發而氣隨之'과 '기가 발해 이가 타는 것氣發而理乘之'으로 사단·칠정을 정의해 구분했다. 조선 사상사에서 보면, 이로 인해 율곡학파로부터 호발설互發說이라는 비판을 면하지 못하게 되었다.

이황은 인간 본성의 절대 선이 현실에서도 그대로 실현될 수 있는 공부를 추구했다. 악의 원인으로 사사로움私을 지목하는 것은 유학의 일반적인 이해이지만, 이황은 유독 이것에 대한 공부론을 강화했다. 특히 경敬을 통한 마음공부를 강조했다. 선은 한때의 깨달음으로 완성되는 것이 아니라 인간 삶을 통해 지속적이고 일관되게 행해져야 하기 때문이다. 따라서 선인善人이나 악인惡人이라는 평가에 있어서도 신중할 수밖에 없다. 한 번의 실수나 잘못이 있다 해서 악인으로 단정하지 않았다.

절대적 선을 지향하는 이황의 학문은 이론에만 머물지 않고 그의 삶 속에도 고스란히 녹아 있다. 1534년 34세에 과거에 급제해 관직에 나아가지만 지속적으로 사직서를 올리며 인격적 완성을 위한 학문에 뜻을 두었다. 그리고 1560년에는 도산서당을 완공해 인간다운 인재들을 키우려는 교육자로서의 여생을 보냈다.

이황의 다양한 철학적 논제들은 사실상 주자학으로부터 내원한 것이었고 이황 자신의 철학적 논거들도 주로 주희의 논설들에 기반했지만, 그의 학문은 사단칠정론에서도 보이듯이 주자학과는 사뭇 다른 체계를 구축하고 있다. 퇴계 심학이라는 명칭도 그에 따른 학계의 평가일 것이다.

【이황 1】 원문 57

지난해에 정지운鄭之雲이 만든 도설에서 '사단은 이에서 발하고四端發於理, 칠정은 기에서 발한다七情發於氣'는 설이 있었는데, 제 생각에도 그런 분별이 자못 심하다고 여겨 혹 쟁론의 단서가 될까 두려웠기 때문에 '순선純善' '기를 겸하다兼氣' 등의 말로 고쳤습니다. 대개 서로 도와 강구하여 밝히고자 한 의도였지 제가 고친 말에 흠이 없다고 여긴 것이 아닙니다. 이제 기대승의 변설을 보내어 어긋나고 잘못된 것을 밝혀주시고 상세히 일깨워주시니 깨우침이 더욱 깊습니다.

「퇴계선생문집」「답기명언」

【이황 2】 원문 58

사단은 감정이고 칠정도 역시 감정이니, 모두 감정입니다. 무엇 때문에 사단과 칠정의 다른 명칭이 있게 되었습니까? 보내신 편지에 이른바 '관점에 따라 말한 것이 다르다'는 말이 이것입니다. 대개 이理는 기氣와 본래 서로 기다려서 체體가 되고 용用이 되니 진실로 이理 없는 기氣는 있지 않고 또한 기 없는 이도 있지 않습니다. 그러나 관점에 따라 말한 바가 다르면 또한 분별이 없을 수 없겠지요. 예부터 성현이 두 가지를 논했는데, 어찌 일찍이 합하여 하나의 설로만 만들고 분별하여 말하지 않았겠습니까? 우선 성性이라는 한 글자로 말하자면 자사子思의 이른바 '천명으로서

선善, 그리고 악惡의 논쟁

의 성天命之性'과 맹자가 말한 '본성은 선하다는 성性善之性'이 있습니다. 이 두 가지 성性이 가리켜 말한 의미는 어디에 있겠습니까? 아마도 이와 기가 부여된 곳에서 이理의 원두본연처源頭本然處를 가리켜 말한 것이 아니겠습니까? 그 가리키는 바가 이理에 있지 기에 있지 않은 까닭에 순선純善하고 악惡이 없다고 말할 수 있습니다. 만약 이와 기가 서로 떨어질 수 없는 까닭에 기를 겸하여兼氣 말하고자 한다면 이미 성性의 본연이 아니지요. 자사와 맹자가 온전한 도체를 꿰뚫어 보고도 이와 같이 말한 것은 하나만 알고 둘은 몰라서가 아니라 진실로 기를 섞어서 성性을 말하면 성이 본래 선하다는 것을 볼 수 없다고 생각했기 때문입니다. 후세에 정자程子와 장자張子 등 여러 선현이 나온 뒤에 부득이하게 기질의 성氣質之性에 대한 논의가 생겼는데, 역시 다양한 이론을 추구하여 서로 다른 것을 말하려던 것이 아닙니다. 다만 가리켜 말한 것이 품부 받아 태어난 뒤에 있다면 또한 순수하게 본연의 성本然之性으로만 명칭할 수 없었던 것입니다. 따라서 저는 일찍이 망령되게도 감정에 사단과 칠정의 구분이 있는 것은 마치 성에 본연과 기품의 차이가 있는 것과 같다고 생각했습니다. 그렇다면 그 성에 대해서 이미 이理와 기氣로 나누어 말할 수 있으니, 감정에 있어서만 유독 이와 기로 나누어 말할 수 없겠습니까? 측은과 수오羞惡, 사양辭讓, 시비是非의 사단은 어디에서 발합니까? 인의예지의 본성에서 발합니다. 희喜, 노怒, 애哀, 구懼, 애愛, 오惡, 욕欲의 칠정은 어디에서 발합니까? 외물이 형기形氣

에 감촉하고 내면에서 움직여 감촉하는 경계에 따라 나오는 것입니다.

사단이 발한 것을 맹자가 이미 '심心'이라고 했으니, 심은 진실로 이理와 기氣가 합한 것이지만 가리켜 말한 바는 이理를 주로 하는 것은 어째서이겠습니까? 인의예지의 성性은 수연粹然히 내면에 있고 네 감정이 그 성性의 단서이기 때문입니다. 칠정이 발한 것을 정자가 '내면에서 움직인다'고 했고 주자는 '각기 마땅한 바가 있다'고 했으니 진실로 또한 이와 기를 겸한 것이지만 가리켜 말한 바가 곧 기氣에 있는 것은 어째서입니까? 외물이 감촉하면 쉽게 감응하여 먼저 움직이는 것이 형기 같은 것이 없는데, 일곱 가지 감정이 그 묘맥이기 때문입니다. 어찌 내면에서는 순수한 이理였다가 발하자마자 기氣와 섞이겠으며, 외물에 감응하는 것은 형기인데, 그 발한 것이 도리어 이가 되고 기가 되지 않을 수 있겠습니까? 사단은 모두 선하기 때문에 '네 가지 마음이 없다면 사람이 아니다'고 했으며, '그 감정과 같은 것은 선할 수 있다'고 했습니다. 칠정은 본래 선하지만 악으로 쉽게 흐르기 때문에 그 발하여 절도에 맞는 것을 '화和'라고 하니, 하나라도 있어서 살피지 못한다면 마음은 이미 그 바름을 얻을 수 없습니다. 이로 말미암아 보면 사단과 칠정 두 가지는 비록 모두 이와 기에서 벗어나지 않지만 그 소종래所從來로 인하여 각기 그 주된 바를 가리켜 말한다면 '이理가 된다' '기氣가 된다'고 말하는 것이 어찌 불가한 점이 있겠습니까?

【이황 3】 원문 59

대개 혼륜하여 말하면 칠정은 이理와 기氣를 겸한 것이니 많은 설명을 하지 않아도 명백합니다. 만일 칠정을 사단에 대립시켜 각기 그 구분되는 것으로 말하면 칠정이 기에 관계된 것은 사단이 이理에 관계된 것과 같습니다. 그 발하는 데에 각기 혈맥血脈이 있고 그 명칭에는 모두 가리키는 바가 있기 때문에 그 주된 바에 따라 분속시킬 뿐입니다. 제(이황)가 또한 칠정이 이理에 관여되지 않고 외물이 우연히 서로 모여들며 감촉하여 감동한다고 말한 것은 아닙니다. 또한 사단이 외물에 감응하여 움직이는 것이 진정 칠정과 다르지 않지만 단지 사단의 경우 이가 발하고 기가 따르는 것理發而氣隨之이며, 칠정의 경우 기가 발하여 이가 올라타는 것氣發而理乘之일 뿐입니다.

「퇴계선생문집」「답기명언」

【이황 4】 원문 60

고봉이 물었다. "천지의 성性은 비유하면 하늘에 있는 달이고, 기질의 성氣質之性은 비유하면 물속에 비친 달입니다. 달이 비록 하늘에 있는 것과 물속에 있는 것이 같지 않지만 그 달이라는 측면에서는 한 가지일 뿐입니다. 지금 하늘에 있는 달은 달이고, 물속에 비친 달은 물이라고 여긴다면 어찌 생각이 막혔다고 하지 않겠습니까? 하물며 사단과 칠정이라는 것은 곧 이理가 기질에 떨어진 이후의 일이니 흡사 물속에 비친 달빛과 같아서 그 빛에 있어서 칠정은 밝거나 어두운 것이 있고, 사단은 곧 그 밝은 것입니다. 칠정에 밝거나 어두운 것이 있는 것은 진정 물의 청탁으로 인한 것이고, 사단이 절도에 맞지 않는 경우는 빛이 비록 밝지만 움직이는 물결이 없을 수 없습니다. 삼가 청컨대, 이 도리로 다시 생각하시는 것이 어떠한지요?"

퇴계가 답했다. "'달이 온 냇가에 비치는데, 비치는 곳마다 둥글다'는 설에 대해 일찍이 선유께서 그것의 옳지 않음을 논한 것을 보았는데, 지금은 기억나지 않습니다. 다만 보내온 편지로 논해볼 것입니다. 하늘에 있는 것과 물속에 비친 것은 비록 동일한 달이지만 하늘에 있는 것은 진짜 달이고, 물속에 있는 것은 단지 달빛이 형상이기 때문에 하늘의 달을 가리키면 실상을 얻겠지만 물속에서 달을 건지려고 하면 얻을 수 없습니다. 진실로 기氣 속에 있는 성性이 마치 물속에 비친 달 형상과 같아서 건져 올리려 해도 얻을 수 없는 것이라면 어찌 선善을 밝히고 몸을 성실히 하여 본성의 처음을 회복할 수 있겠습니까? 그러나 이 경우는 성으로 비유한 것이니 오히려 비슷하기라도 하지만, 만약 감정에 비유한다면 오히려 그렇지 않은 면이 있습니다. 대개 물속에 비친 달은 물이 고요하면 달도 역시 고요하지만 물이 물결치면 달 또한 일렁입니다. 그 물의 움직임이 조용히 흐르면서도 맑게 출렁거려서 달빛 형상이 투명하게 비친 것은 물이 일렁이건 달빛이 일렁이건 분명 장애가 되지 않습니다. 혹여 물이 아래로 흘러가면서 세차게 내달리다가 바람에 위아래로 요동치며 물결이 세차게 되고 바위에 부딪쳐 튀어 오르면 달빛이 부서지고 흩어져서 어지럽게 사라지기도 할 것인데, 심한 경우에는 드디어 달 형상조차 없게 될 것입니다. 이와 같다면 어찌 '물속에 비친 달 형상이 밝기도 하고 어둡기도 한 것은 모두 달이 한 것이지 물이 관여된 바가 아니다'라고 말할 수 있겠습니까? 이황은 그래서 말합니다. 달의 모양이 조용히 흐르고 맑게 출렁거리는 물에 드러난 것은 비록 달을 가리켜 그것의 일렁거림을 말했다 하더라도 출렁거리는 물결은 그 가운데 있는 것입니다. 만약 물이 바람에 요동치고 바위에 부딪쳐서 달 형상을 잠기게 하거나 사라지게 하는 것은 단지 물을 가리켜 그 출렁거림을 말해야 하니, 그 달의 유무有無나 밝고 어두움은 물의 출렁거림의 크고 작음이 어떠한가에 달려 있을 뿐입니다.

『퇴계선생문집』「답기명언」

【이황 5】 원문 61

근래에 남언경南彦經에게 '마음에 선과 악이 있다'고 했던 설은 크게 잘못되었다. 성은 즉 이理니, 진실로 선만 있고 악은 없다. 마음은 이와 기가 합하여 아직 악이 생기는 것을 면할 수는 없을 듯하다. 그러나 그 처음을 궁구하여 논하면 마음도 선만 있고 악은 없었으니 어째서인가? 마음의 미발未發에서는 기가 아직 용사하지 않으니 오직 이理일 뿐인데, 어찌 악이 있겠는가? 마음이 발하는 곳에서 이理가 기氣에 가려지자 악惡으로 향하게 되니 이것이 이른바 '기미에서 선악으로 나뉜다'라는 것이다. 그래서 선유先儒들이 그 선악의 두 가지가 상대적으로 있다가 나오는 것이 아님을 힘써 변론했다.

「퇴계선생문집」「여홍응길」

【이황 6】 원문 62

담일하다는 것은 기의 본연이고, 이때에는 아직 악하다고 말할 수 없다. 그렇다고 기가 어찌 순선할 수 있겠는가? 오직 이 기가 아직 용사하지 않았을 때는 이理가 주가 되기 때문에 순선하다.

「퇴계선생문집」「답이공호」

【이황 7】 원문 63

의意라는 것은 심心이 발한 바이고, 심이라는 것은 성性과 정情의 주재이기 때문에 심이 아직 발하기 전에는 마치 태극이 동動과 정靜의 이치를 갖추었지만 아직 음양陰陽으로 나뉘지 않은 것과 같다. 하나의 심 안에 있는 혼연한 하나의 성性은 순선하고 악이 없다. 이 심이 이미 발한 때에는 마치 태극이 이미 나뉘어 동動은 양이 되고, 정靜은 음이 된 것과 같다. 이때에는 기가 비로소 용사하기 때문에 그 발한 감정에 선과 악의 다름이 없을 수 없지만 그 단서는 매우 은미하다. 이에 의意가 심心이 발한 것이고, 또 그 감정을 끼고 좌지우지하고 혹 천리의 공公을 따르기도 하고 혹 인욕의 사사로움을 따르기도 하여 선과 악의 분별이 이로 말미암아 결정된다. 이것이 이른바 의意의 선악 기미라는 것이다. 비록 그렇더라도 선이 발하는 것은 고유한 데에 근원하기 때문에 곧바로 이루어져 순조롭고, 악의 싹은 본래 없는 데에서 나오기 때문에 옆으로 가로놓여 어그러진다.

「퇴계선생문집·퇴계선생속집」 「천명도설」

【이황 8】 원문 64

사사로움이라는 것은 마음의 각다귀요 온갖 악의 뿌리다. 예로부터 국가가 다스려진 날은 늘 적었고 혼란한 날은 늘 많았는데, 자신을 파멸시키고 망국에까지 치달아 갔던 것이 모두 임금이 '사私'라는 한 글자를 제거하지 못했기 때문이었다. 그러니 마음의 적을 제거하고 악의 뿌리를 뽑아서 순연한 천리를 회복하고자 한다면 학문적 노력에 깊이 의지하지 않을 수 없으니 그 공부하는 것이 또한 어렵다.

「퇴계선생문집」 「무진년의 경연 계차」

【이황 9】 원문 65

지志와 의意의 구별은 회암 주희와 여러 선생의 설명이 이미 상세하며, 보내온 논변도 역시 분명하다. 다만 지志는 공公이고, 의意는 사私인데, 이 공과 사라는 글자는 선과 악을 나누어 말한 것이 아니라, 단지 지금 사람들이 공적인 일公事, 사적인 일私事이라고 말하는 종류와 같다. 공적인 일이 반드시 모두 선한 것도 아니며, 사적인 일이 반드시 모두 악한 것도 아니다. 다만 관가官家의 일이 공공公共에 속하기 때문에 공적인 일이라 했고, 민간의 일은 사독私獨에 속하기 때문에 사적인 일이라고 할 뿐이다. 또한 인심이 형기形氣의 사사로움에서 발하는 것과 같은데, 형기라고 해서 모두 삿된 것私邪이 아니라 단지 한 개인 단독에게 속한 것을 말한 것이다.

『퇴계선생문집』「답정자중」

【이황 10】 원문 66

주자가 "지志는 마음心이 곧장 가는 것을 말하고 의意는 지志가 경영하고 왕래하는 것이니, 지의 다리가 된다. 무릇 영위하고 도모하며 왕래하는 것은 모두 의다"라 했고, 또 "지志는 공공연히 해야 할 일을 주장하는 것이고, 의意는 사사로이 몰래 행하며 간간이 드러나는 것이니, 지는 정벌하는 것과 같고 의는 침범하는 것과 같다"라고 했다. 이러한 여러 말을 종합하여 본다면 지志는 공公이고 의意는 사私라는 것을 알 수 있다.

『퇴계선생문집』「답정자중」

【이황 11】 원문 67

요약하면 이理와 기氣를 겸하고 본성性과 감정情을 통섭하는 것

선善, 그리고 악惡의 논쟁

은 마음인데, 본성이 발하여 감정이 되는 사이가 곧 한 마음의 기미이고, 온갖 변화의 추요樞要이며, 선과 악이 나뉘는 곳이다. 배우는 자들은 진실로 경을 견지하는 일에 오로지 하여 이치와 욕망의 구분에 어둡지 않고 여기에서 더욱 삼가고, 미발에서 존양의 공부를 깊이 하고 이발에서 성찰하는 습관을 익숙히 하여 진실하게 쌓고 오래도록 힘써서 그치지 않는다면 이른바 '정밀히 살피고 오로지 하여 그 중中을 잡는다'는 성학聖學과 '본체를 보존하여 작용에 응한다'는 심법心法은 모두 외부에서 구할 필요 없이 여기에서 얻을 수 있다.

『퇴계선생문집』「성학십도를 올리는 차자」

【이황 12】 원문 68

사람의 마음心은 체와 용을 갖추고, 적寂과 감感을 겸하며, 동動과 정靜을 관통하기 때문에 외물에 감촉되지 않았을 때에는 적연寂然히 움직이지 않고 온갖 이理가 다 갖추어져 마음의 전체가 보존되고, 사물이 오면 감응하여 드디어 통하고 품덕과 절조가 어긋나지 않아서 마음의 대용大用이 행해지지 않음이 없다. 정靜은 고요하여 아직 발하지 않은 것을 말하고, 동動은 감응하여 이미 발한 것을 말한다. 사람이 천지인天地人 삼재三才에 참여하여 인극人極을 세울 수 있는 까닭은 이 두 끝에서 벗어나지 않아서다. 따라서 보내온 편지에서 이른바 '아직 사물과 접하기 전에 일어나지도 않고 사라지지도 않은 때'라고 한 것이나 이른바 '허령의 자리로서 어둡지 않고 밝다'라는 것이나 이른바 '희노애락이 아직 감응하지 않고 사려나 말, 행동이 아직 동요하지 않는다'라는 것은 모두 적연하여 정靜한 것에 속하니 즉 소위 미발이다. 이른바 '막 생각하기 시작한 때'라거나 이른바 '사색하는 때' '이치를 궁구하는 때' '사려가 번잡하게 얽힐 때' '사물에 응대할 때'가 모두 감응하고 통하여 동動한 것에 속하니 즉 소위 이발已發이다. 그 이른바 '지극히 정靜한 중에 동動의 단서가 있다'고 하는 것도 또한 이미 동動한 것을 말한 게 아니라 단지 동할 수 있는 이理가 있다는 것일 뿐이기에 이 역시 미발에 속해야 한다. 미발은 경계하고 조심하며 두려워해야 하는 곳이며, 이발은 체득하며 살피고 정밀히 또 살펴야 하는 때다. 이른바 '일깨우고 분발시켜 보살피는 공부'는 미발과 이발 사이를 관통하며 잠깐의 끊임도 없는 것이니 소위 경敬이다.

「퇴계선생문집」 「답황중거」

【이황 13】 원문 69

내가 들으니, 소수서원의 여러 유생이 봄부터 흩어진 채 올해가 다 지나도록 아직 다시 모이지 않았다고 하니 한탄스런 마음에 도모할 방법을 모르겠다. 국가에서 서원의 설립을 허가했던 것은 무엇을 위해서였겠는가? 장차 어진 선비를 존중하고 양성하며 기꺼이 인재를 육성하는 곳으로 삼으려던 것이 아니겠는가? 김중문金仲文이 소수서원의 유사가 되었으니 마땅히 국가의 아름다운 뜻에 따라 자신의 직분을 공경하고 삼가며 많은 선비가 기꺼이 성취할 수 있도록 하는 것이 해야 할 일이다. 그런데 도리어 교만하게 굴며 예를 갖추지 않고 여러 유생을 어린아이처럼 여긴데다 상스러운 말까지 했다니 이들이 격노하여 서원을 비우고 떠난 것이 어찌 잘못이라고 할 수 있겠는가? 그렇다고 조정에 주청奏請하지 않고서 김중문의 직임을 갈아버린 것은 한수기韓守琦가 분명 잘못한 것이다. 하지만 김중문이 그 직임에 있는 것도 실로 또한 어려운 일이다. 김중문의 입장에서는 이 상황에서 마땅히 참회하며 자책하고 자신을 낮추어 잘못을 사과하며 진정으로 간절하게 했다면 여러 유생의 마음도 쉽게 저절로 풀렸을 것이고, 김중문도 오히려 선인善人으로 남고 서원도 아무 일 없었을 것이다.

김중문은 그렇지 않았다. 원한을 품고 시기와 섭섭한 마음을 지닌 채 여러 유생에게 맞섰으며 기어코 죄의 법망에 넣고자 했다. 이로 인해 조정에서 추문推問하는 지경에 이르러서 유관儒冠을 쓴 선비들이 붙잡혀서 조정에서 조사받게 되었을 뿐만 아니라 김중문 자신도 결박되는 것을 면하지 못했다. 이것이, 김중문의 잘못을 재차 더욱 커지게 했고 또한 도모했던 일도 좋지 못하게 된 것이다.

내가 들으니, 허물이 있는데도 고치지 않는 것을 '허물'이라고 한다. 또 들건대, 허물이 있지만 고칠 수 있는 경우는 허물이 없다. 김중문이 비록 재차 허물이 있더라도 고칠 수 있었다면 오히려 허물이 없는 사람이 되었을 것이다. 최근에 들으니, 김중문은 오히려 뉘우칠 줄 모르고 소매를 걷어붙이고 "내가 누구누구를 보면 반드시 몽둥이나 칼을 가리지 않고 욕보일 것이다"라고 큰소리 치고, 또 "이 일이 반드시 사람의 화를 가져올 것이다"라고 말한다고 한다.

아! 김중문이 정말로 이런 말을 했단 말인가? 혹 그렇지 않은데 전하는 자가 잘못 전한 것인가? 전하는 자가 잘못 전한 것이라면 김중문에게는 다행이다. 가령 진실로 이런 말을 했다면 그가 허물을 고치고 선善을 따르리라는 것을 기필할 수 있겠는가? 김중문의 기세가 이와 같다면 저 선비된 자들이 앞서는 유관을 쓰고 화를 당했고 그 후에는 위협하는 말들을 듣고서 치욕스런 마음을 갖게 되었을 것이고 아울러 화를 입을까 하는 두려운 생각이 있었을 것이니, 그들이 다시 서원에 들어오려 하지 않는 것이 또한 어찌 괴이하겠는가?

『퇴계선생문집』「소수서원의 일을 논하여 영천 군수에게 주려 하다」

【이황 14】 원문 70

보내온 편지에 배우는 자가 명성을 도둑질하고 세상을 속이려는 것에 대한 논의는, 조식曺植 그대만 걱정하는 것이 아니라 어리석은 나도 역시 걱정하는 바네. 그러나 꾸짖어 막으려는 것도 역시 쉬운 일이 아니니, 무엇 때문이겠는가? 마음에 둔 것이 본래 세상을 속여 명성을 도둑질하려는 저들은 우선 차치하고 말하지

않더라도, 다만 생각건대 상도常道를 부여받아 사람들이 선善을 좋아하는 것은 같으니 천하의 영재 중에 성심으로 배우기를 원하는 자가 어찌 한정되어 있겠는가? 만일 세상살이의 근심을 범할까 하여 일체 꾸짖어 그만두게 한다면 상제가 명하여 하사한 뜻을 어기고 천하에 도를 향한 길을 끊어버리는 것이니, 내가 하늘과 성인의 문하에 죄를 짓게 된 것이 이미 심한데, 어느 겨를에 다른 사람이 속이고 도둑질하는 것을 걱정하겠는가?

「퇴계선생문집」「답조건중」

06

율곡 이이의 선: 기질 변화를 통한 선의 실현

율곡 이이(1536~1584)는 이황의 삶과는 달리 1564년 29세에 문과에 급제한 이후 관직에 있으면서 시무에 대한 지속적인 경장更張을 제기하며 제도를 변화시키고자 했다. 이황과 대비되는 삶의 모습 속에서 그의 사상적 흐름도 추론해볼 수 있다. 이황이 인간의 선한 본성을 확충하고자 하는 삶과 이론을 지향했다면, 이이는 인간의 선한 본성이 제대로 발출되지 못하는 현실적 요소들을 바로잡으려 했다고 할 수 있다.

이이도 선한 본성을 전제하고는 있지만 선악의 최종적인 판단은 결과를 통해 규정되는 것이라고 했다. 유자입정의 사례에서 측은한 감정 자체만으로는 선하다고 할 수 없고, 반드시 우물에 빠지려는 어린아이에게 가서 구해주어야 비로소 선이라는 것이다. 이이는 선한 본성과 감정, 그리고 인간의 행동까지 일련의 도덕적 과정이 완성되었을 때 선이라고 할 수 있다고 본 것이다. 그리고 그 과정을 주재하는 인간의 의지를 중시했다.

본성으로부터 인간 행동까지의 과정에 인간의 의지가 주재할 수 있다는 것은 선한 본성으로부터 발출하는 사단도 최종적인 결과에 있어서는 악이 될 수 있다는 의미다. 앞에서 언급했듯이 사단의 감정이 행동으로 이어지지 않는다면 그것은 선이 아니다. 이것은 이이의 인심도심상위종시설人心道心相爲終始說에서 잘 나타난다. 이이는 선한 도덕적 마음이라도 사사로움이 개입되면 인심이 되어 악이 될 수 있다고 보았다.

이이는 이황의 사단칠정론에 대해서도 비판적 태도를 보였다. 이황의 '이가 발하고 기가 따르는 것理發而氣隨之'이라는 사단을 부정하고, 사단을 포함한 인간의 모든 감정은 '기가 발해 이가 타는 것氣發而理乘之'이라는 하나만 있다고 주장하며 이황의 호발설을 비판했다. 사단은 칠정의 선 일변을 지칭한 것으로 보았다.

선악에 대한 이이의 이기론적 해석은 선한 본성 자체보다 본성의 선이 발출하는 과정에서 인간 의지에 의해 결실을 맺게 하는 것이 중요했다. 발출 과정 속에서 불선하게 되는 요인을 바로잡는 것이 필요하다. 이이는 이것을 기의 본연을 회복하는 것이라고 했다. 이황의 경우 기의 용사用事가 악을 만들기 때문에 기가 용사하지 않도록 경의 태도를 견지해야 하지만, 이이는 선이 본연의 기에 의해서 이루어진다고 보았다. 따라서 기질을 변화시켜 본연의 기로 회복하는 것이 선을 이루는 공부라고 보았다.

【이이 1】 원문 71

"발출한 감정이 비록 절도에 맞지 않더라도 만약 선善하게 발출했다면 선한 감정善情이라고도 할 수 있을까요?"라고 묻자 이이李

퓨가 답했다. "그렇지 않다. 선과 악은 단지 중中과 과불급過不及으로 나뉜다. 중에서 벗어나자마자 모두 불선不善한 감정이라고 한다."

"선한 감정에는 얕고 깊은 차이가 있으니 얕은 것은 비록 중에 미치지 못한다고 해도 선한 쪽의 감정인데, 불선한 감정이라고 합해서 말해버리면 온당하지 못한 듯합니다"라고 하자 이이가 말했다. "감정이 발출할 때 얕아야 하는 상황에서는 얕고 깊어야 하는 상황에서는 깊어야, 이것이 절도에 맞는 감정이다. 두터워야 할 상황에서는 10분의 감정을 모두 쏟아야 하는데, 만약 5, 6분을 쏟았다면 이것이 불급不及의 감정이다. 엷어야 할 상황에서는 5, 6분의 감정을 쏟아야 하는데, 만약 10분을 쏟았다면 이것도 중中을 지나친 감정이다. 이것들이 모두 불선의 감정이다. 만일 어린아이가 우물에 빠지려 하는 것을 보았을 때 미친 듯이 달려가 손을 내밀어 구한다면 곧 절도에 맞는 감정이다. 그러나 바라보면서 단지 '가련하다'고만 한다면 비록 태연한 자보다야 낫더라도 역시 불선한 감정이라고 말할 수 있다."

『율곡선생문집』「어록 상」

【이이 2】 원문 72

"장횡거 선생께서 '단지 선善하기만 한 것은 반드시 의義를 다한 것이 아니며, 단지 옳기만 한 것은 반드시 인仁을 다한 것이 아니다. 인仁을 좋아하고 불인不仁을 미워한 후에라야 인의仁義의 도

선善, 그리고 악惡의 논쟁

리를 다한 것이다'라고 하셨는데, 불인을 미워하는 것이 단지 옳기만 한 것이라는 의미인지 아직 모르겠습니다"라고 묻자 이이가 말했다. "불인을 미워하는 것이 단지 옳기만 하다는 것이 아니다. 인을 좋아하고 불인을 미워하는 것이 곧 선하기만 하거나 옳기만 하다는 것이다."

『율곡선생문집』「어록 상」

【이이 3】 원문 73

신이 생각건대, 천리가 사람에게 부여된 것을 성性이라고 하며, 성性과 기氣를 합하여 한 몸을 주재하는 것을 심心이라고 하고, 심이 사물에 감응하여 외면에 발출한 것을 정情이라고 하는데, 성은 심의 본체이며 정은 심의 작용이고 심은 미발과 이발을 총괄하는 명칭이기 때문에 '심이 성과 정을 통섭한다心統性情'고 말한다. 성에는 다섯 조목이 있는데 인仁, 의義, 예禮, 지智, 신信이라고 말하고, 정에는 일곱 조목이 있는데 희喜, 노怒, 애哀, 구懼, 애愛, 오惡, 욕欲이라고 한다.

정이 발할 때 도의道義를 위해 발하는 것이 있는데, 그 어버이에게 효도하고자 하는 것이나 그 군왕에게 충성하고자 하는 것, 어린아이가 우물에 빠지려는 것을 보고 측은해 하는 것, 의롭지 않은 것을 보고 부끄러워하고 미워하는 것, 종묘를 지나가면서 공경스러워 하는 것과 같은 종류다. 이것을 '도심道心'이라고 한다. 정에는 입이나 몸을 위해 발하는 것이 있는데, 굶주리면 먹고자 하는 것이나 추우면 옷을 입고자 하는 것, 지치면 쉬고자 하는 것, 정기精氣가 왕성하면 결혼을 생각하는 것과 같은 종류다. 이것을 '인심人心'이라고 한다.

이理와 기氣가 혼융하여 원래 서로 떨어질 수 없으니, 심이 움직여 정이 될 때 발하는 것은 기고 발하게 하는 까닭은 이理다. 기가 아니면 발할 수 없고 이理가 아니면 발할 것이 없는데, 어찌 이발理發과 기발氣發의 차이가 있겠는가? 다만 도심이 비록 기에서 떨어지지 않는다 하더라도 그 발하는 것은 도의道義를 위한 것이기 때문에 성명性命에 분속시키고, 인심도 역시 이理에 근본하더라도 그 발하는 것은 입과 몸을 위한 것이기 때문에 형기形氣에 분속시킨다. 방촌方寸 중에 처음부터 인심과 도심의 두 마음이 있는 것이 아니라 단지 발하는 곳에 이 두 단서가 있으니, 따라서 도심을 발하는 것이 기이지만 성명이 아니라면 도심이 발생할 수 없으며, 인심에 근원한 것이 이理지만 형기가 아니라면 인심이 발생할 수 없다. 이것이 '혹 근원한다或原'고 하거나 '혹 발생한다或生'고 하는 것이 공公과 사私로 구별되는 까닭이다. 도심은 순수하게 천리天理이기 때문에 선은 있지만 악이 없으며, 인심人心은 천리도 있고 인욕도 있기 때문에 선이 있고 악이 있다. 예컨대 먹어야 하면 먹고 옷을 입어야 하면 입는 것은 성현도 면할 수 없는 것이니, 이것이 천리다. 식욕과 색욕으로 인해 악으로 흐르는 것, 이것이 인욕이다. 도심은 단지 지키기만 하면 되고 인심은 인욕으로 쉽게 흐르기 때문에 비록 선이라고 해도 위태롭다. 마음을 다스리는 것은 한 생각이 발할 때에 그 도심이라는 것을 알면 확충해가면 되고, 그것이 인심이라는 것을 알면 정밀하게 살펴서 반드시 도심으로서 절제하고 인심이 항상 도심의 명령을 듣는다면 인심 또한 도심이 될 것이니, 어떤 이理가 보존되지 않겠으며 어떤 욕망을 막지 못하겠는가?

「율곡선생문집」 「인심도심도설」

【이이 4】 원문 74

인심과 도심이 서로 시작과 끝이 된다는 것은 무엇을 말하는가? 지금 사람의 마음心이 성명性命의 바름에서 곧바로 나왔지만 혹 순조롭게 이루어지지 못하고 사사로운 의욕私意이 끼어들었다면 도심으로 시작했으나 인심으로 끝난 것이다. 혹 형기形氣에서 나왔지만 바른 이치正理에 어긋나지 않는다면 분명 도심에서 어긋나지 않은 것이고, 혹 바른 이치에 어긋났더라도 잘못된 것인 줄 알고 절제하여 누르면서 그 욕망을 따르지 않았다면 인심으로 시작했으나 도심으로 끝난 것이다. 대개 인심과 도심은 정情과 의意를 아울러 말한 것이지 정만 가리킨 것이 아니다. 칠정은 인심을 움직여서 이런 일곱 가지가 생긴다고 통틀어 말한 것이고, 사단은 칠정 중에서 그 선한 측면만을 택하여 말한 것이니, 본래 인심과 도심을 상대하여 말한 것과는 같지 않다.

「율곡선생문집」 「답성호원」

대저 미발은 성性이고 이발은 정情이며, 발하여 견주어 살펴서 헤아리는 것은 의意다. 심心이 성과 정, 의의 주인 되기 때문에 미발과 이발에서 그 견주어 헤아리는 것까지 모두 심이라고 할 수 있다. 발하는 것은 기氣이고 발하게 하는 까닭은 이理다. 그 발한 것이 바른 이치正理에서 곧바로 나오고 기가 용사用事하지 않으면 도심道心이고, 칠정 가운데 선한 일면이다. 발할 즈음에 기가 이미 용사했다면 인심人心이며 칠정의 선과 악을 합한 것이다. 기가 용사하는 것을 알고 정밀히 살펴서 바른 이치를 따른다면 인심이 도심의 명령을 들은 것이고, 정밀히 살피지 못하면 그 향하는 바는 정욕情慾이 치성하여 인심이 더욱 위태롭게 되고 도심은 더욱 은미하게 된다. 정밀히 살필 수 있는지 여부는 모두 의意기 히는 비이기 때문에 스스로 닦는 공부는 의意를 침되게 하는 것보다 우선하는 것이 없다.

지금 만약 '사단은 이가 발하고 기가 따르는 것이고, 칠정은 기가 발하고 이가 올라탄다'고 말한다면 이와 기는 둘이 되어 혹 앞서기도 하고 혹 뒤서기도 하며 서로 상대하여 두 갈래로 각기 나오니, 어찌 사람의 마음에 두 가지 근본이 생기지 않겠는가? 정情이 비록 수만 가지라고 하더라도 무엇인들 이理에서 발하지 않겠는가? 오직 그 기가 혹 가리고 용사하기도 하고, 혹 가리지 않고 이理로부터 명령을 듣기도 하기 때문에 선과 악의 차이가 생겨난다. 이것으로 체인한다면 거의 알 수 있을 것이다. 별지의 말들은 대개 적절하다. 다만 이른바 '사단과 칠정은 성에서 발하고, 인심과 도심은 심에서 발한다'는 것은 심과 성을 두 갈래로 여기는 병폐가 있는 듯하다. 성은 심 중의 이理이고, 심은 성을 담는 그릇이니 어찌 성에서 발한 것과 심에서 발한 것의 구별이 있겠는가? 인심과 도심은 모두 성에서 발하고, 기가 가리면 인심이 되고, 기가 가리지 않으면 도심이 된다.

『율곡선생문집』「답성호원」

【이이 6】 원문 76

'지知의 지선至善'이라는 것은 심하게 배척할 필요가 없다. 대개 '지선至善'이라고 하는 것은 단지 사물의 당연한 준칙일 뿐이다. 그 법칙은 다른 것이 아니라 매우 올바른 것일 뿐이다. 통괄하여 말하자면 지知와 행行이 모두 하나의 흠도 없고 온갖 이치가 밝게 이루어진 데에 이른 뒤에야 바야흐로 '지선에 머문다'고 할 수 있다. 나누어 말하자면 지知에도 지선이 있고 행行에도 지선이 있다. 지가 매우 올바른 곳에 이르러 다시 옮겨 바꾸는 것이 없다면 지가 지선에 머문다고 할 수 있고, 행이 매우 올바른 곳에 이르러 다시 옮겨 움직이지 않는다면 행이 지선에 머문다고 할 수 있으니, 어찌 해롭겠는가?

『율곡선생문집』「여기명언」

'역에는 태극이 있다'는 구절의 태극이 물의 본원이면, 내 마음의 하나의 태극은 물이 우물에 있는 것이고, 사물의 태극은 물이 그릇에 나누어 담긴 것일 뿐이다. 지선至善을 다만 그릇에 담긴 물로 여긴다면 이것은 그 용만 들고 체는 빠뜨린 것이며, 중中을 다만 우물 속의 물로 여긴다면 이것은 체는 잡았지만 용은 어두운 것이니 모두 도리에 맞지 않는다. 만약 '지선과 중이 실상은 같지만 가리키는 것은 다르다'고 말한다면, 지선은 곧 내 마음과 사물 상에서 본연의 중中으로 바른 이치正理만을 가리켜 말한 것이고, 중中은 곧 치우치지도 않고 기대지도 않고 지나치거나 미치지 못하는 것이 없는 바른 이치이니 덕행德行을 아울러 가리켜 말한 것이다. 중용中庸의 이理가 지선이며, 중용의 행行이 지선에 머문 것이다. 중과 화和는 지선의 체와 용이며, 중과 화를 이룬 것은 지선에 머문 것이다. 이와 같이 말해야 바야흐로 병통이 없을 것이다.

「율곡선생문집」 「답성호원」

마음을 하나에 집중하여 다른 잡념에 사로잡히지 않게 하는 것 主一無適이 경敬의 요법要法이고, 온갖 변화에 응대하는 것은 경의 활법活法이다. 만약 사물을 통해 하나하나 이치를 궁구하여 각기 그 당연한 준칙을 안다면 때에 따라 처리하는 것이 마치 거울

이 사물을 비추면서 그 거울 속은 흔들리지 않는 것과 같다. 동쪽으로 서쪽으로 응답하지만 마음의 체는 본래 그대로이니, 평상시에 판단하여 처리함이 사리事理가 분명하기 때문이다. 먼저 이치를 궁구하지 않고 일에 임할 때마다 헤아리고자 한다면 하나의 일을 헤아릴 때 다른 일은 이미 지나가버릴 것이니 어찌 여러 일을 처리할 수 있겠는가? 비유하자면 오색이 거울 속에 동시에 나타나더라도 거울의 밝은 체는 다섯 가지 색에 따라 변하지 않고 동시에 비추는 것과 같으니, 경의 활법도 이와 같다. 이것이 동動한 상태의 공부다. 만약 정靜한 상태에 있다면 모름지기 한 가지 일에만 마음을 써야 하는데, 예컨대 책을 읽으면서 기러기를 향해 활시위를 당기는 상상을 하는 것은 곧 경敬하지 못한 것이다. 대개 정한 상태에서 마음을 하나에 집중하여 다른 잡념에 사로잡히지 않게 하는 것이 경의 체이고, 동한 상태에서 온갖 변화에 응대하면서 그 주재를 잃지 않는 것이 경의 용이다. 경이 아니라면 지선至善에 머무를 수 없고 경을 하는 가운데에 또한 지선이 있다. 정한 상태가 고목이나 식은 재와 같지 않고 동한 상태는 혼란스럽지 않아서 동과 정이 한결같고 체와 용이 분리되지 않는 것이 곧 경의 지선이다.

「율곡선생문집」 「상퇴계이선생」

【이이 9】 원문 79

군왕의 시급한 정무는 이치를 밝히는 것보다 우선하는 것이 없다. 이치가 진실로 밝혀진다면 시비是非나 호오好惡가 모두 올바르게 되니 마치 촛불이 비추고 저울로 재는 것과 같다. 이치가 밝지 않다면 마땅히 그르다고 해야 할 것을 옳다고 하고, 마땅히 옳다고 해야 할 것을 그르다고 하며, 좋아하는 것이 반드시 선善하지는 않고, 싫어하는 것이 반드시 악하지 않아서 끝내 위태로운 것을 편안하게 여기고 재앙을 이롭다고 여기며 망하게 되는 것들을 즐기는 데 이를 것이다. 이치를 밝힌 후에는 다시 결단을 잘 하는 것이 중요하다. 혹여 옳다는 것을 알면서도 좋아하는 도리를 다하지 않거나 그 잘못된 것임을 알고서도 미워하는 도리를 다하지 않는다면 이치를 밝히는 것도 중요치 않을 것이다.

「율곡선생문집」 「소차2·선조 4년」

【이이 10】 원문 80

많은 정책에서 백성을 구제하는 실효성이 없어진 것은 무엇을 말하는 것이겠습니까? 법령이 오래돼 폐단이 발생하면 피해가 백성에게 돌아가니 정책을 마련하여 바로잡아야 백성에게 이롭게 됩니다. 성상의 전교에 '군왕은 나라에 의지하고 국가는 백성에게 의지하니, 온갖 벼슬을 마련하고 여러 직책을 나누는 것은 단지 백성의 삶을 위한 것일 뿐이다. 백성의 삶이 이미 동요되었다면 국가는 장차 어디에 의지하겠는가?'라고 하셨습니다. 신은 삼가 두세 번 읽으면서 저도 모르게 감격하여 눈물을 흘렸습니다. 훌륭하십니다, 왕이 하신 말씀이. 한결같으십니다, 왕의 마

선善, 그리고 악惡의 논쟁

음이. 이것은 진정 일반 백성을 편안하게 하고 하늘의 노여움을 돌이킬 수 있는 하나의 큰 계기입니다. 삼대 이후로 군왕과 신하의 관직이 오직 백성의 삶을 위한 것임을 알았던 군왕이 몇이나 있었겠습니까? 선善하더라도 법령이 아니면 추진하지 못했고, 법령만 있고 선하지 않으면 실행하지 못했습니다. 전하께서 백성을 아끼시는 마음이 진정 이와 같지만 백성을 아끼는 정책은 오히려 아직도 거행하지 못하고 있습니다. 여러 신하가 올린 정책들이 단지 그 말단의 것만 다스리고 그 근본적인 것은 헤아리지 않기 때문에 듣기에 아름다운 것 같으나 실행에 있어서 실효성은 없습니다.

『율곡선생문집』 「만언봉사」

【이이 11】 원문 81

『주역周易』 관괘觀卦 구오九五에 "내 백성을 살펴보되, 군자라야 허물이 없다觀我生, 君子無咎"라 했고, 상象에 "내 백성을 살펴보다觀我生라는 구절은 백성을 살핀다는 의미다"라 했고, 정자가 전을 지어 "구오九五는 군왕의 자리에 있으니 시대의 치란治亂과 풍속의 아름답고 추함은 자신에게 달려 있을 뿐이다. 만일 천하의 풍속이 모두 군자답다면 자신이 행한 정치와 교화가 선하여 이에 허물이 없는 것이다. 만약 천하의 풍속이 아직 군자의 도리에 합하지 않았다면 자신이 행한 정치와 교화가 아직 선하지 않은 것이니 허물을 면할 수 없다. '내 백성我生'이라는 구절은 자기에게서 나온 것이니 군왕이 자기가 펼친 정책이 선한지 여부를 살피고자 한다면 마땅히 백성의 삶에서 살펴야 한다"라고 했습니다. 이것으로 말미암아 본다면 군왕께서는 한 나라의 근본이며 치세와 난세는 군왕에게 달려 있는 것입니다. 군왕께서 마땅한 도를 행하고도 나라가 다스려지지 않았던 경우는 진실로 있을 수 없는 이치입니다. 오늘날 인심과 세도가 한결같이 이 지경에 이르렀다면 전하의 정책과 교화가 아직 선하지 않은 것이 아니겠습니까? 정책과 교화는 군왕의 마음에 달려 있으니 전하께서는 자신을 돌이켜 성찰하는 공부에 있어서 성실하고 바르게 해야 할 공부가 미진한 점이 있는 것이 아니겠습니까? 전하께서는 또한 근본에 돌이켜서 생각하지 않으십니까?

『율곡선생문집』「응지논사소」

【이이 12】 원문 82

천지의 조화나 내 마음의 발현은 '기가 발하고 이가 타는 것氣發而理乘之'이 아닌 것이 없으니, 이른바 '기가 발하고 이가 탄다'는 것은 기가 이보다 앞선다는 것이 아니라 기는 유위有爲하고 이는 무위無爲하기에 그 말을 이렇게 하지 않을 수 없는 것이다. 이理 위에는 한 글자도 더할 수 없고 한 터럭만큼의 고치는 노력조차 더할 수 없다. 이理는 본래 선하니 어찌 고칠 수 있겠는가? 성현의 천만 가지 말씀이 단지 사람으로 하여금 그 기氣를 엄중히 단속하여 기의 본연을 회복하게 할 뿐이다. 기의 본연이라는 것은 호연지기浩然之氣다. 호연지기가 천지에 가득 차면 본래 선善한 이理가 조금도 가려지지 않을 것이니, 이것이 맹자의 양기론養氣論이 성인의 문하에서 공로가 있는 이유다. 만약 기가 발하고 이가 탄다는 하나의 길氣發理乘一途이 아니고 이도 또한 달리 작용이 있다고 한다면 이理가 무위하다고 말할 수 없다. 공자께서 무엇 때문에 "사람이 도를 넓히는 것이지 도가 사람을 넓히는 것이 아니다"라고 하셨겠는가? 이것을 간파한다면 기가 발하고 이가 탄다는 하나의 길은 명백하고 뚜렷해서 '혹 성명의 바름에 근원'하거나 '혹 형기의 사사로움에서 발생'한다는 설과, 사람이 말 가는 대로 맡기거나 말이 사람의 뜻에 순응한다는 설도 통달하여 각각 그 취지를 알게 될 것이다.

『율곡선생문집』「답성호원」

【이이 13】 원문 83

주자의 '이에서 발하고 기에서 발한다發於理發於氣'는 설은 분명 의도가 있는데, 지금은 그 의도를 알지 못하고 그 설만을 고수하며 나누는 관점을 끌어오니 어찌 전전하다 진실을 잃는 지경에 이르지 않겠는가? 주자의 의도도 '사단은 오로지 이理만을 말하고, 칠정은 기氣를 아울러 말한 것이다'라고 한 데 불과할 뿐이지 '사단은 이理가 먼저 발하고, 칠정은 기가 먼저 발한다'고 말한 것이 아니다. 퇴계 이황께서는 이것으로 인해 입론하여 '사단은 이가 발하여 기가 따르고, 칠정은 기가 발하여 이가 탄다'고 말씀하셨는데, 이른바 '기가 발하여 이가 탄다'는 것은 옳다. 칠정만 그런 것이 아니라 사단도 역시 기가 발하여 이가 타는 것이다. 그 까닭은 어린아이가 우물에 빠지려는 것을 보고 난 연후에야 측은한 마음이 발출하는데, 보고서 측은해하는 것이 기氣이니, 이것이 이른바 '기가 발한다氣發'고 하는 것이고, 측은한 감정의 뿌리가 인仁이니 이것이 이른바 '이가 탄다理乘'는 것이기 때문이다. 사람의 마음만 그러한 것이 아니라 천지의 조화도 기가 변화하고 이가 타는 것이 아닌 것이 없다. 그런 까닭에 음양이 동하고 정하면 태극이 타는 것이니 이 경우 선후로 말할 수 있는 것이 아니다. 이가 발하여 기가 따른다는 설과 같다면 분명 선후가 있는 것이니, 이것이 어찌 이치에 어긋나는 것이 아니겠는가? 천지의 조화가 곧 내 마음의 발출이니, 천지의 조화에 '이가 변화하는 것理化'이 있고 '기가 변화하는 것氣化'이 있다면 내 마음도 또한 '이가 발하는 것理發'이 있고 '기가 발하는 것氣發'이 있을 것이다. 하지만 천지에는 원래 이가 변화하는 것과 기가 변화하는 것의 구별이 없으니, 내 마음에 어찌 이가 발하는 것과 기가 발하는 것의 다름이 있을 수 있겠는가? 만일 '내 마음은 천지의 조화와 다르다'고 말한다면 이것은 내가 알 수 있는 바가 아니다.

「율곡선생문집」「답성호원」

【 이이 14 】 원문 84

『주역』에 "적연寂然히 움직이지 않다가 감응하고서 드디어 통한다"고 했으니 비록 성인의 마음이라도 아직 감응하지 않고서 저절로 움직이는 것은 없다. 반드시 감응하고서 움직이는데 감응하는 바는 모두 외물이다. 어째서 그렇게 말하는가? 아버지에게 감응하면 효심孝心이 움직이고, 군왕에게 감응하면 충성심이 움직이고, 형에게 감응하면 공경심이 움직이니, 아버지와 군왕과 형이 어찌 마음속에 있는 이理이겠는가? 천하에 어찌 감응하지 않고 마음속으로부터 저절로 발출하는 감정이 있겠는가? 다만 감응하는 바에 바르거나 사악한 것이 있고, 그 움직임에 지나치거나 미치지 못하는 것이 있어 이에 선과 악의 구분이 생길 뿐이다.

지금 외부에서 감응하기를 기다리지 않고 마음속으로부터 저절로 발출하는 것을 사단이라고 한다면 아버지가 없는데 효심이 발출하고, 군왕이 없는데 충성심이 발출하고, 형이 없는데 공경심이 발하는 것이니 어찌 사람의 진실한 감정이겠는가? 지금 측은한 감정으로 말한다면 어린아이가 우물에 빠지려는 것을 본 연후에 이 마음이 곧 발출하니 감응하게 하는 바는 어린아이인데, 어린아이는 밖에 있는 대상이 아니겠는가? 어찌 어린아이가 우물에 빠지려는 것을 목격하지도 않고 측은한 감정이 저절로 발출할 수 있겠는가? 있다고 하더라도 마음의 병에 불과하지 사람의 감정이 아니다.

사람의 본성은 인, 의, 예, 지, 신 다섯 가지일 뿐이지 다섯 가지 외에 다른 본성은 없다. 감정은 희, 노, 애, 구, 애, 오, 욕 일곱 가지일 뿐이지 다른 감정은 없다. 사단은 단지 선한 감정의 다른 명칭이고, 칠정에서 말하면 사단은 칠정 가운데 포함된다. 인심과 도심과 같이 상대하여 명칭한 것이 아니다.

「율곡선생문집」「답성호원」

【이이 15】 원문 85

이理는 형이상形而上의 것이고, 기氣는 형이하形而下의 것이다. 두 가지는 서로 떨어질 수 없고, 이미 서로 떨어질 수 없다면 그 발용發用도 한 가지이니, 서로 각기 발용한다互有發用고 말할 수 없다. 만약 '서로 각기 발용한다'고 말한다면 이理가 발용할 때 기가 혹 미치지 못하는 경우가 있을 것이고, 기가 발용할 때 이가 혹 미치지 못하는 경우가 있을 것이다. 이와 같다면 이와 기는 떨어지고 합하는 경우가 생기며, 선후가 있게 되고 동動과 정靜에는 시작이 있게 되며, 음과 양에는 처음이 있게 될 것이니 그 어긋나는 잘못이 작지 않다. 다만 이理는 무위하고 기는 유위하기 때문에 감정이 본연의 본성에서 발출하여 형기形氣에 가려지지 않는 것은 이理에 분속시키고, 비록 당초에는 본연에서 나왔지만 형기가 가린 것은 기氣에 분속시키니, 이것도 역시 부득이한 논리다.

사람의 본성이 본래 선하다는 것은 이理이지만, 기가 아니면 이가 발하지 못하니 인심이나 도심 중 어느 것인들 이理에 근원하지 않았겠는가? 미발未發의 때에도 또한 인심의 묘맥이 있어서

방촌의 마음속에 이와 상대하여 있는 것이 아니다. 하나에서 발원하여 두 가지로 갈라진다는 것을 주자가 어찌 알지 못했겠는가? 다만 이론을 세워 사람들을 깨우쳐주다보니 각기 주장하는 바가 있었을 뿐이다. 정자가 "선과 악은 상대되는 두 개의 가치로 본성 속에 있다가 각기 따로 나오는 것이 아니다"고 했는데, 대개 선과 악은 뚜렷이 구별되는 두 가지 가치이지만 또한 서로 대립하여 각기 따로 나오는 이치가 없는데, 하물며 이와 기가 혼륜하여 떨어질 수 없는 것이 서로 대립하여 상호 발용하는 이치가 있을 수 있겠는가? 만약 주자가 진정으로 이와 기가 상호 발용하여 서로 대립하며 각기 나온다고 여겼다면 주자도 역시 잘못된 것이니, 어찌 주자답다고 할 수 있겠는가?

「율곡선생문집」, 「답성호원」

【 이이 16 】 원문 86

이理는 기의 주재이고 기는 이가 타는 바이니, 이가 아니면 기가 근거할 곳이 없으며 기가 아니면 이가 의착할 곳이 없다. 이미 두 개의 사물도 아니며 또한 한 개의 사물도 아니다. 한 개의 사물이 아니기 때문에 하나이면 둘이고, 두 개의 사물도 아니기 때문에 둘이면서 하나인 것이다. 한 개의 사물이 아니라는 것은 무슨 말인가? 이와 기가 비록 서로 떨어질 수 없지만 묘합妙合한 중에 이는 스스로 이이고 기는 스스로 기이기에 서로 뒤섞이지 않으니, 한 개의 사물이 아니다. 두 개의 사물이 아니라는 것은 무슨

2장 원전과 함께 읽는 선善

말인가? 비록 '이는 스스로 이이고 기는 스스로 기이다'라고 말하더라도 혼륜하여 간격도 없고 선후도 없고 이합도 없기에 두 사물임을 볼 수 없으니, 두 개의 사물이 아니다. 그러므로 동動과 정靜에 시작이 없으며, 음과 양에 처음이 없고, 이가 처음이 없기 때문에 기도 역시 처음이 없다.

대개 이는 하나일 뿐이니 본래 편정偏正(치우치거나 바른 것), 통색通塞(통하거나 막히는 것), 청탁淸濁(맑거나 탁한 것), 수박粹駁(순수하거나 얼룩진 것)의 차이가 없다. 하지만 이가 타는 기는 오르내리고 흩날리는 것을 일찍이 그친 적이 없고 뒤섞여 들쑥날쑥하며 천지 만물을 낳으니, 혹 바르거나 치우치고, 혹 통하거나 막히기도 하고, 혹 맑거나 탁하고, 혹 순수하거나 얼룩지기도 한다. 이가 비록 하나이지만 이미 기를 타고 있으니 그 갈래가 만 가지로 다르다. 그래서 천지에 있으면 천리의 이理가 되고 만물에 있으면 만물의 이가 되고 우리 인간에게 있으면 인간의 이가 된다. 그러한즉 들쑥날쑥하여 가지런하지 않은 것은 기가 하는 바다. 비록 '기가 하는 바'라고 하지만 반드시 이가 주재하는 것이니 그 들쑥날쑥하여 가지런하지 않은 까닭도 역시 이가 마땅히 이와 같은 것이지 이가 이와 같지 않은데 기가 홀로 이와 같이 하는 것이 아니다.

『율곡선생문집』「답성호원」

07

다산 정약용의 선: 선악 선택의 자율성

조선 성리학은 크게 퇴계학파와 율곡학파로 전개되면서 다양한 철학적 논쟁을 벌였다. 이러한 논쟁들은 이기론을 기반으로 인간 본성, 감정情, 심心, 선악善惡 등을 분석함으로써 야기된 것이었다. 조선 후기로 오면 이러한 성리학적 논쟁들에 대한 비판적 시각들이 등장하는데, 그 대표적 인물이 다산 정약용(1762~1836)이다.

그는 당시 다섯 분야의 학문을 비판五學論했는데, 훈고학訓詁學·문장학文章學·과거학科擧學·술수학術數學과 함께 비판의 대상이었던 것이 성리학이다. 당시까지 지속되었던 성리학적 논쟁들, 즉 본연本然·기질氣質, 이발理發·기발氣發, 이발已發·미발未發 등에 대한 논쟁의 폐단을 비판하며 이기론적 분석의 무의미함을 주장했다.

다산은 성선설에 대한 성리학의 전통적 분석에 대해 새로운 시각에서 접근했다. 그는 인간 본성을 인간에게 품부된 실재로 이해하지 않고 기호嗜好로 규정했다. 본성을 의미하는 성性이라는 글자가 춘추전국시대에 기호의 의미로 사용되었다는 것을 고증해 인간 본성을 '선을 즐기고 악을 부끄러워하는' 기호로서 정의했다. 이것을 근거로 유자입정의 사례에서 맹자가 말한 인의예지는 일이 행해진 후에 성립되는 것이지, 선험적으로 인간 내면에 있는 것이 아니라고 비판했다. 아울러 성선설도 맹자가 창안한 것이 아니라 이미 『시경』에 제시되었던 것이라고 주장했다.

그렇다면 인간은 왜 선해야 하는가? 성리학에서 주장하듯 인간 본성이 선한데 기의 용사나 탁한 기질에 의해서 악하게 된다면 그것은 우연적 원인에 의해 생성된 기에 의해 선악이 결정되는 것이다. 이 경우 인간에게 행위의 결과에 대한 도덕적 책임을 묻기가 사실상 난해하다. 그는 이러한 문제의식이 있었다.

또한 기존 성리학에서 형기의 사사로움 때문에 악행을 하게 된다고 하지만, 현실적 양태는 반드시 그렇지 않다고 말했다. 그가 형조에 있을 때 살인사건 기록을 열람했는데, 살인 사건의 원인이 형기의 사사로움이 아닌 경우도 있었다고 한다. 역사 속에서 장패와 매색이 경서를 위조했던 사실이나 모기령이 글재주나 말재주로 주희를 질시했던 사실, 김성탄이 음흉한 글로 사람들을 현혹시켰던 사건 등을 통해 보더라도 형기의 사사로움만이 악의 원인이 아니라고 반론했다.

그는 선행과 악행을 인간 스스로의 자율적 판단의 결과로 보았다. 인간은 선을 즐기고 악을 부끄러워하는 기호를 가졌지만 선악의 행위를 결정하는 것은 인간에게 부여된 자주적 권능自主之權이라고 했다. 그리고 자주적 권능에 따라 선택한 행동은 그 선악에 따라 책임을 져야 한다고 주장했다.

선이나 악을 존재 자체로부터 유래하는 것으로 보지 않고 인간의 자율적 선택에 의한 결과로 보는 정약용의 논리는 기존 성리학의 이해와는 분명한 차이가 있다.

【정약용 1】 원문 87

오늘날 성리학을 하는 자들은 '이理다' '기氣다' '성性이다' '정情이다' '체體다' '용用이다'라고 하거나 본연本然·기질氣質, 이발理發·기발氣發, 이발已發·미발未發, 단지單指·겸지兼指, 이는 같고 기는 다르다理同氣異거나 기는 같고 이는 다르다氣同理異 하고, 심은 선하여 악이 없다心善無惡거나 심은 선악이 있다心善有惡고 말하면서 세 줄기 다섯 가장 귀에서 천 가지 만 개의 잎이 나오고, 터럭을 나누고 실가닥을 쪼개듯이 분석하며 서로 오류를 책망하기도 하고 서로 자신의 주장을 외치기도 한다. 마음을 가다듬고 묵묵히 궁구하다가 기세를 세워 목에 힘주며 스스로 천하의 고묘한 이치에 이르렀다고 생각한다. 하지만 동쪽으로 부딪히고 서쪽으로 저촉되면서 말단만 붙들고 원두처를 버리고서는 문에는 하나의 기치를 내걸고 학파 내에는 하나의 보루를 쌓아 한평생 쟁론을 결정짓지 못하고 세대를 전하며 그 원망을 풀지 못한다. 문하에 들어오는 자는 주인으로 대하고 나가는 자는 노비로 대하며, 동감하는 자에게는 받들고 이견을 가진 자에게는 비판하면서 자기 스스로 주장의 근거들이 매우 정당하다고 여기니 어찌 엉성하지 않겠는가?

【정약용 2】 원문 88

선대 유현儒賢들이 '마음은 성과 정을 통섭한다心統性情'고 했는데, 마음을 기로 여긴다면 이것은 '기가 이와 기를 통섭한다'고 보는 것이니, 그렇지 않은 듯하다. 그러나 이와 기의 설은 동쪽으로 갈 수도 있고 서쪽으로 갈 수도 있으며, 희다고 할 수도 있고 검다고 할 수도 있으니, 왼쪽으로 끌어당기면 왼쪽으로 기울고, 오른쪽으로 잡아끌면 오른쪽으로 기우는 것이어서 한평생 서로 논쟁하며 자손대에까지 전하더라도 또한 끝나지 않을 것이다.

『여유당전서』「답이여홍」

【정약용 3】 원문 89

인의예지의 명칭은 일을 행한 후에 성립되기 때문에 사람을 사랑한 후에 '인仁'이라고 하지 사람을 사랑하기도 전에는 인仁이라는 명칭이 성립되지 않는다. 나를 선善하게 한 후에 '의義'라고 하지 나를 선하게 하기 전에는 의라는 명칭이 성립하지 않는다. 손님과 주인이 절하고 읍한 후에 예禮의 명칭이 성립하고, 사물이 밝게 밝혀진 후에 지智의 명칭이 성립하니 어찌 인의예지의 네 낟알이 복숭아씨나 살구씨처럼 뚜렷하게 사람의 마음속에 숨겨져 있는 것이겠는가? 안연顔淵이 인仁을 묻자 공자께서 "자기를 이기고 예로 돌아가는 것克己復禮이 인仁이다"라고 하셨는데, 인이라는 것은 사람의 공부에서 이루어지는 것이지 삶이 부여되는 처음에 하늘이 낟알로 인 덩어리를 만들어 사람의 마음에 끼워 넣는 것이 아니라는 것을 밝힌 것이다. 자기를 이기고 예로 돌아가는 때에 어찌 허다한 사람의 노력이 들어가지 않겠는가? (…) 종합하자면 단端이라는 것은 시작이고, 사물의 근본과 말단이 양단兩端을 말한다.

『여유당전서』「맹자요의·공손추2」

【 정약용 4 】 원문 90

인의예지仁義禮智의 명칭과 같은 것은 반드시 일이 행해진 후에 성립되는 것이다. 갓난아이가 우물에 빠지려고 할 때 측은한 마음이 들지만 가서 구해주지 않는다면 그 마음에 근원해 보더라도 '인仁'이라고 말할 수 없다. 한 그릇의 밥이라도 거칠게 말하며 발로 차서 줄 때 부끄럽고 싫어하는 마음이 들지만 물리치지 않는다면 그 마음에 근원해 보더라도 '의義'라고 말할 수 없다. 귀한 손님이 문 앞에 이르렀을 때 공경하는 마음이 들지만 맞이하여 절하지 않는다면 그 마음에 근원해 보더라도 '예禮'라고 말할 수 없다. 선한 사람이 참소를 당할 때 시비를 가리는 마음이 들지만 사리를 밝히려 하지 않는다면 그 마음에 근원해 보더라도 '지智'라고 할 수 없다.

여기서 네 종류 마음은 사람의 본성에 본래부터 있는 것이고, 네 가지 덕은 네 종류의 마음이 확충된 것임을 알 수 있다. 아직 확충하는 데 미치지 못했다면 인의예지의 명칭은 끝내 성립할 수 없다. 그런데 맹자는 이 장에서 네 종류의 마음으로 네 가지 덕으로 여겼던 것은 측은한 마음이 이미 발출하고도 가서 구하지 않는 적이 없었기 때문이고, 부끄럽고 싫어하는 마음이 이미 발출하고도 꺼리며 물리치지 않는 적이 없었기 때문이며, 공경하는 마음이 이미 발출하고도 맞이하여 절하지 않은 적이 없었기 때문이고, 시비를 가리는 마음이 이미 발출하고도 사리를 밝히려 하지 않은 적이 없었기 때문이다. 이것이 사람의 본성은 본래 선하다는 명확한 증험이기 때문에 맹자는 네 가지 덕을 네 종류의 마음에 연결시켜서 전편과 다르게 했다. 비록 그러하나 인의예지는 일이 행해진 후에야 드디어 성립되는 것이니, 만약 마음에 있는 이치라고 여긴다면 또한 본래 취지와 맞지 않다.

『어유당전서』「맹자요의·고자6」

【정약용 5】 원문 91

맹자의 '본성은 선하다'는 학설은 맹자가 창안하여 만든 것이 아니다. 『시경詩經』의 "백성은 떳떳한 도리 지녔으니, 아름다운 덕을 좋아하는구나"라고 했는데, 이것이 '본성이 선하다'는 설을 분명히 밝힌 것이다. 그리고 공자도 이 구절을 "이 시를 지은 자는 도道를 아는구나!"라고 단정했으니, '본성이 선하다'는 것은 선대의 성현들의 본래 의론이었지 한 학파의 사사로운 말이 아니었다. 학설이 미비했다니, 그럴 리가 있었겠는가? 분명 애초에

선善, 그리고 악惡의 논쟁

'성性'이라는 글자의 뜻을 인식하는 바가 달랐기 때문에 맹자의 말이 끝내 마음에 흡족할 수 없었다.

성性이라는 것은 사람들의 기호嗜好다. 선대 유현들이 영명한 체體만을 전적으로 명칭했으니 그것에 차이가 없었겠는가? 만약 영명한 체를 논한다면 그 본체가 텅 비고 밝아서 악할 수 있는 이치가 없는 것 같지만 다만 형기形氣에 깃들어 있는 까닭에 많은 악이 뒤섞여 일어나 본체를 서로 혼란스럽게 하니, 이것이 본연本然과 기질氣質의 설이 부득불 생기게 된 까닭이다. 선대 유현들이 인식한 성性과 맹자가 인식한 성性은 같지 않았다.

『여유당전서』「심경밀험·심성총의」

【정약용 6】 원문 92

"입맛이라는 걸 보면 사람마다 같은 기호가 있으니 역아야말로 내 입이 좋아하는 바를 먼저 얻은 자다. 만일 입맛에 대해 그 성질이 개와 말이 나와 다르듯 [다른 사람과] 내가 다르다고 한다면 천하가 어찌 모두 역아의 맛을 따라 좋아했겠는가. 맛에 이르러서는 천하가 역아를 따르니 이는 천하의 입이 서로 비슷함을 말하는 것이다."『맹자』「진심 하」의 '구지어미야口之於味也' 장입니다. 이 장은 맹자가 형구形軀(신체의 기호)로 본심本心의 기호를 밝힌 것입니다. 사람의 본심은 선을 즐기고 악을 부끄러워하니, 곧 '본성은 선하다'는 것입니다. 여홍汝弘 이재의李載毅 형님께서는 한 번 생각해보십시오. 그 성性과 '다른 사람과 다르다'는 성性은 명백히 입의 속성입니다. 이미 입에 있는 속성이라고 한다면 귀의 속성과 눈의 속성도 분명히 모두 있을 것이니, 이러한 형구의 기호도 성性이라고 말할 수 있습니다. 후세에 이른바 식성食性과 주성酒性 등의 종류도 근거가 없는 것이 아닙니다. 『서경書經』에 "성을 조절하여 날로 나아가네"라고 했고, 『예기禮記』에 "육례를 닦아서 백성의 성性을 조절한다"고 했으니, 성을 조절한다는 것은 욕망을 조절한다는 말과 같습니다. 이와 같은 것은 명백히 형구의 기호도 역시 성이라고 명칭한 것입니다.

『여유당전서』「답이여홍」

【정약용 7】 원문 93

기호에는 두 가지 단서가 있다. 하나는 눈앞의 즐거움을 기호로 여기는데, 마치 꿩의 속성이 산을 좋아하고 사슴의 속성이 들판을 좋아하고 성성이의 속성이 단술을 좋아한다는 것과 같으니, 이것이 하나의 기호다. 다른 하나는 평생토록 생성하는 것을 기호로 여기는데, 마치 벼의 속성이 물을 선호하고, 기장의 속성이 마른 것을 선호하고 파나 마늘의 속성이 닭의 분뇨를 선호하는 것과 같으니, 이것이 또 하나의 기호다.

이제 사람의 본성을 논하자면, 사람은 선善을 즐기고 악惡을 부끄러워하기 때문에 한 가지 선을 행하면 그 마음 가득히 기쁘고, 한 가지 악을 행하면 그 마음이 아쉬워 괴로워한다. 내가 선을 행하지 않았는데 남들이 나를 선하다고 추켜세우면 기쁘고,

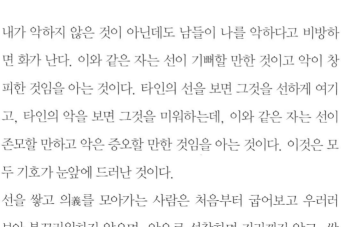

내가 악하지 않은 것이 아닌데도 남들이 나를 악하다고 비방하면 화가 난다. 이와 같은 자는 선이 기뻐할 만한 것이고 악이 창피한 것임을 아는 것이다. 타인의 선을 보면 그것을 선하게 여기고, 타인의 악을 보면 그것을 미워하는데, 이와 같은 자는 선이 존모할 만하고 악은 증오할 만한 것임을 아는 것이다. 이것은 모두 기호가 눈앞에 드러난 것이다.

선을 쌓고 의義를 모아가는 사람은 처음부터 굽어보고 우러러보아 부끄러워하지 않으며, 안으로 성찰하며 거리끼지 않고, 쌓아간 지 더욱 오래면 마음이 넓어지고 몸이 관대해져서 맑은 기운이 얼굴에 드러나고 등으로 넘쳐난다. 쌓은 지 더욱 오래되면 호연지기가 가득 차서 지극히 크고 지극히 강한 기운이 천지 사이에 충만할 것이다. 이러면 부귀라도 미혹시킬 수 없고 빈천이라도 뜻을 바꾸게 할 수 없고 위세와 무력이라도 굴복시킬 수 없다. 이에 신묘하고 감화하여 천지와 그 덕을 합하게 되고 일월과 그 밝음을 합하게 되어 드디어는 온전한 덕을 갖춘 사람이 될 것이다. 이것은 그 성性이 선을 행하는 데에 마땅한 것이니 마치 벼는 물에 파종하는 것이 마땅하고 기장은 마른 곳에 파종하는 것이 마땅하고 파나 마늘은 닭 분뇨로 북돋아야 하는 것과 같다.

한 사내가 있다고 하자. 오늘 마음을 저버리는 일을 한번 하고 내일 마음을 저버리는 일을 한번 한다면 아쉬워하며 속으로 거리끼다가 두려워하며 가책을 느낄 것이다. 그리고는 스스로를 업신여기며 '내 일은 이미 그르치게 되었네'라고 말하거나 스스로를 버리고선 '내가 다시 무엇을 희망하겠는가?'라고 말할 것이다. 뜻은 이 때문에 쇠하여 무기력해질 것이고, 기운은 꺾여 위축될 것이니, 이로운 것으로 유혹하면 마치 개나 돼지처럼 마음이 끌려 나갈 것이고, 위세로 위협하면 마치 여우나 토끼처럼 마음이 굴복될 것이다. 야위어가고 시들면서 쓸쓸히 죽게 될 것이다. 이것이 그 성에 거스르고 막혀서 끝까지 성취하지 못하는 바가 있게 되기 때문에 그 병폐가 이와 같은 것이다. 무릇 이것이 모두 기호가 평생 징험되는 것이다.

하늘이 처음 삶을 부여할 때 이 성性을 주어 악을 멀리하고 선을 향하게 했기 때문에 사람은 여기 의지할 수 있고 그 길을 따를 수 있는 것이다.

『여유당전서』「심경밀험·심성총의」

【 정약용 8 】 원문 94

생각하건대 심체心體는 허령虛靈하여 만물에 묘하게 응대하니 말로 이름할 수 없어 오직 그 성이 선善을 즐기고 악을 부끄러워한다고 할 뿐이다. 사물에 감촉하여 감동하는 것으로 말한다면 선을 즐기고 악을 부끄러워하는 증거로 삼을 수 있는 것이 세 개나 네 개, 다섯 개, 여섯 개, 일곱 개, 여덟 개로 할 수 있다. 맹자는 다만 그 가운데 네 조목을 골라 '무슨 마음, 무슨 마음'이라고 말한 것을 선을 즐기고 악을 부끄러워하는 증험으로 삼은 것인데, 그 실상은 이 네 마음 외에도 오히려 많은 마음을 손꼽아 헤아릴 수 있다. 여기에 어떤 사람이 맹자 말을 이어서 '껑충껑충 뛰며 춤추는 마음은 즐거움의 단서이고, 부지런히 힘쓰는 마음은 용기의 단서이며, 보답하려는 마음은 믿음의 단서다'라고 말한다고 그 뜻이 통하지 않는 것이 아니다. 즐거움과 용기, 믿음도 역시 사람의 마음에 뿌리내린 것임을 알 수 있으니 '사람의 본성 안에 이 세 가지의 근본이 없다'고는 말할 수 없다. 그러므로 맹자가 말한 인의예지仁義禮智는 예禮의 실제와 즐거움의 실제를 아울러 말한 것이고, 주자는 지인용智仁勇의 삼달덕三達德을 천하가 똑같이 가진 이치이고 신信은 사덕四德에 함께 있어서 본래 다섯 가지라고 여겼으니, 지금 오로지 '심체心體의 이면에 오직 인의예지의 네 덩어리만 뚜렷이 뿌리내려 감추어져 있으니 네 개이지 세 개일 수 없고 네 개이지 다섯 개일 수 없다'고만 말한다면 달통한 유현들의 지혜가 아닐 것이다.

『여유당전서』「답이여홍」

【 정약용 9 】 원문 95

사람에게 두 가지 본성이 있는 것이 아니니, 마치 벼의 성性이 물을 선호할 뿐 다시 마른 것을 선호하는 성이 없으며, 기장의 성은 마른 것을 선호할 뿐 다시 물을 선호하는 성이 없는 것과 같다. 선대 유현들이 '성에 두 가지가 있으니, 하나는 본연지성本然之性이라는 것이고 두 번째는 기질지성氣質之性이라는 것이다'고 하고, 이어서 '본연지성은 순선純善하여 악惡이 없고, 기질지성은

선할 수도 있고 악할 수도 있다'고 말하며, 드디어는 맹자가 본연
지성에만 근거했지 기질지성을 논하지 않았기에 미비하다고 말
한다.

「여유당전서」「심경밀험·심성총의」

【 정약용 10 】 원문 96

진실로 본연지성이 사람과 동물이 모두 같다고 한다면, 소의 발
이 뭉툭하니 원래 붓을 잡고 글씨를 쓸 수 없고, 소의 입술이 굼
뜨니 원래 말을 하여 문장을 만들지 못하지만 그 눈은 오히려 흑
백을 분간할 수 있고 그 귀는 시끄럽고 조용한 것을 분간할 수
있으니 문자를 가리켜 본다면 어찌 머리를 끄덕이며 자신의 생
각을 나타내지 못하겠는가?

인성人性이 포함히는 비는 넓다. 유가儒家, 도가道家, 음양가陰陽
家, 법가法家, 명가名家, 묵가墨家, 종횡가, 잡가雜歌, 농가農歌 등
구류九流와 온갖 학파의 책을 온전히 외워서 틀리지 않는 자가
있고, 천문과 역법, 단전과 상전의 묘함을 온전히 깨우쳐 막히는
바가 없는 자도 있으니, 이것이 과연 혈기血氣가 하게 할 수 있는
바이겠는가? 과연 물질적인 것에 의지하여 있기도 하고 없기도
한 것이겠는가? 어째서 본연지성이 사람과 동물이 모두 같다고
하는 것인가? 선대 유현들이 공자가 말한 바는 기질지성이고 맹
자가 말한 바는 곧 본연지성이라고 했지만, 본연지성은 사람과
동물이 모두 같다는 것이 참으로 이와 같다면 단지 사람만이 요

순이 될 수 있는 것이 아니라 본연지성을 얻는 존재도 모두 요순이 될 수 있을 것이니, 어찌 이해할 수 있겠는가?

『여유당전서』「논어고금주·양화」

【 정약용 11 】 원문 97

천하의 큰 선善은 모두 총명하고 민첩하고 지혜로운 자가 하는 것이 아니며, 천하의 큰 악은 모두 어리석고 우둔한 자가 하는 것이 아니니, 천지의 청명한 기를 받은 자라도 반드시 선인善人이 되지 않으며, 천지의 탁하고 더러운 기운을 받은 자라도 반드시 악인惡人이 되는 것이 아니다. 안연顏淵과 증삼曾參은 노둔했지만 덕을 이루었고, 장의張儀와 공손연公孫衍은 말 잘하고 총명했지만 악에 빠졌으며, 주발周勃과 석분石奮은 그 기질이 대개 탁했고, 왕망王莽과 조조曹操는 그 기질이 대개 맑았으니, 진실로 반드시 품부 받은 기질의 청탁으로 선인과 악인이 되는 원인으로 여긴다면 실상과 어긋나는 것이 많을 것이다. 맑은 기를 받아서 가장 뛰어난 사람上知이 된다면 선할 수밖에 없는 선善이니 어찌 선이 될 수 있겠는가? 탁한 기를 받아서 가장 아둔한 사람下愚이 된다면 악할 수밖에 없는 악惡이니 어찌 악이 될 수 있겠는가? 기질은 사람으로 하여금 지혜롭거나 우둔하게 할 수 있지만 사람을 선하거나 악하게 할 수는 없는 것이 이와 같다. 맹자가 '요순은 일반 사람과 같다'고 했으니, 진실로 순임금이 순임금다운 까닭은 효우孝友에 있지 선기옥형璇璣玉衡을 사용한 데 있는 것이 아니다. 지금 천하 사람들로 하여금 사람마다 모두 역曆의 이치를 궁구하게 하여 선기옥형을 만들게 한다면 도망칠 문을 찾고 눈치를 살피다가 두려워하며 도주하는 자가 많을 것이다. 지금 천하 사람들로 하여금 사람마다 모두 순과 같이 효우孝友을 실천하게 한다면 비록 지극히 노둔하고 탁한 기질을 가졌더라도 '행할 수 없고 힘도 부족하다'는 핑계로 회피하지는 않을 것이다. 그런즉 맹자가 "사람은 모두 요순이 될 수 있다"고 한 말이 어찌 한 터럭이라도 실정보다 지나친 말이겠는가? 기질은 선악에 있어서 이처럼 서로 관련 없으니 기질의 설은 비록 폐지하더라도 괜찮을 것이다.

『여유당전서』「논어고금주·양화」

【정약용 12】 원문 98

하늘이 삶을 부여하는 처음에 이 성을 주어, 그로 하여금 따라서 행하게 하여 그 도리를 이루게 했다. 만약 이 성이 없다면 사람이 비록 순간이라도 선을 하고자 해도 평생토록 할 수 없을 것이다. 하늘이 이미 이 성을 품부했기 때문에 또한 시시각각 깨우치고 인도되어 악을 저지르게 될 순간마다 한편으로는 욕심을 내기도 하고 한편으로는 저지하기도 하니, 저지하는 것은 즉 본성이 품부 받은 천명임이 분명하다. 하늘이 명한 것을 성性이라 한다는 구절은 이것을 말한 게 아니겠는가? 이른바 '선과 악이 혼재한다'는 말이 하늘이 품부한 성이 이미 이와 같다는 의미라

선善, 그리고 악惡의 논쟁

면 사람이 선을 행하는 것은 마치 물이 아래로 흘러가고 불꽃이 타오르는 것과 같아서 공능이라 할 수 없다. 따라서 하늘이 사람에게 자주의 권능自主之權을 부여한 것이다. 가령 선하고자 하면 선을 할 수 있고 악하고자 하면 악할 수 있어서 오가는 방향이 정해져 있지 않고 그 선택권은 자기에게 있으니, 들짐승이나 날짐승이 고정된 마음을 가진 것과는 같지 않다. 그러므로 선을 하는 것은 진정 자신의 노력이고, 악을 하는 것도 진정 자신의 허물이 된다. 이것이 심의 권능이지 이른바 성性은 아니다. 양웅이 성性이라고 잘못 생각했기 때문에 이에 '선과 악이 혼재한다'고 주장했지 애초에 이런 일이 없는데 양웅이 꾸며낸 것이 아니다.

벌이 벌다움은 왕벌을 호위하지 않은 수 없는 것인데, 논의하는 자들이 충忠이라고 생각하지 않는 것은 그것이 그렇게 고정된 마음에 의한 것이기 때문이다. 호랑이가 호랑이다움은 동물을 해치지 않을 수 없는 것인데, 법을 집행하는 자가 법에 따라 형벌을 논하지 않는 것은 그것이 그렇게 공정된 마음에 의한 것이기 때문이다. 사람은 이들과 다르게 선할 수도 있고 악할 수도 있다. 주장하는 것이 자기에게 말미암고 활동하는 것이 고정되지 않기 때문에 선善은 이에 공功이 되고 악은 이에 죄가 된다. 그러나 선할 수도 있고 악할 수도 있는 이치가 이미 반반이라면 그 죄는 당연히 가벼운 형벌에 처해야 할 듯하지만 지은 죄가 감히 면할 수 없는 까닭은 성이 선하기 때문이다. 성이 선을 즐기고 악을 부끄러워하는 것이 이미 진실로 확실하니 이 성을 어기고 악을 행한 것은 죄를 면할 수 없는 것이다.

『여유당전서』「맹자요의·등문공3」

【정약용 13】 원문 99

사람의 죄악은 대개 식욕과 색욕, 안일하고자 하는 욕구로 말미암는데, 이것은 원래 형기가 부리는 바다. 혹 매우 심한 죄악과 사특함이 자기 마음에서 일어나지만 식욕과 색욕, 안일하고자 하는 욕구와 전혀 상관없는 것이 있다. 이와 같은 것은 어찌 허물할 것인가? 장패張霸와 매색梅賾이 『상서尙書』를 위조하여 위로는 선대 성인들을 속였고 아래로는 천대 후손까지 기만했으나 그 마음이 먹을 것을 구한 것이 아니었다. 모기령毛奇齡이 속으로 주자를 질시하여 글재주를 부리고 혀를 놀려 하지 않은 바가 없으면서도 스스로 교활하고 음험한 악의 구렁텅이에 빠졌으나 그 마음은 색을 구한 것이 아니었다. 김성탄金聖歎이 도서盜書와 음서淫書를 지어서 사람들의 마음을 현혹시키면서 가까운 곳과 먼 곳에 악영향을 끼쳤으나 그 마음이 사지의 안일함을 구한 것이 아니었다. 지금 사람들이 혹 경전의 뜻을 다투고 혹 도리道理를 밝히면서 성한 기세로 화를 내며 서로 욕하고 비난하거나, 혹 문장을 서로 시기하고 함부로 해를 끼치면서, 비록 이 때문에 몸이 재앙에 빠질지라도 근심하지 않으니 그 마음이 형기에 이로움을 구하고자 하는 일일 리가 없다.

게다가 무릇 교만하고 오만한 병폐는 형기에서 나오지 않는다.

선善, 그리고 악惡의 논쟁

내가 형조에 있을 때 여러 도에서 발생한 살인 사건 검안 서류를 열람했는데, 여러 살인 사건이 대개 재물과 술, 여색, 성깔 등 네 가지에서 비롯되었다. 성깔로 인해 사람을 죽인 경우는 식욕이나 색욕, 안일의 욕망에 모두 해당하지 않는다. '야!' '너!'라고 하대했다고 급작스럽게 화를 내며 그 자리에서 사람을 죽인 경우가 매우 많았다. 이와 같은 것이 도리어 형구와는 상관없으니, 어찌 매번 형구를 탓할 수 있겠는가?

『여유당전서』「심경밀험·심성총의」

【정약용 14】 원문 100

중中은 지선至善이 있는 곳이다. 지극히 크고 지극히 두터우면서 중을 얻은 경우가 있고, 지극히 작고 지극히 엷으면서 중을 얻는 경우가 있다. 악惡이라는 것은 지나치거나 미치지 못한 것을 말하고, 선善이라는 것은 중中을 얻은 것을 말한다.

『여유당전서』「중용자잠·중용자잠1」

【정약용 15】 원문 101

선과 악은 상대적이니 선을 다하지 못하면 악으로 귀결될 뿐이다. 선과 악의 관계는, 마치 음양이나 흑백처럼 양이 아니면 음이고 백이 아니면 흑이어서 음양의 사이에 음도 아니고 양도 아닌 것이 없으며 흑백의 사이에 백이 아니고 흑이 아닌 색깔이 없는 것과 같다. 이미 선을 다하지 못했다는 것은 한 푼의 악의 뿌리가 분명히 남아 있어서 아직 다 없애지 못했다는 것이다. 여기에 항아리가 있다고 하자. 전체적으로 모두 좋은데, 오직 물이 새는 구멍 하나가 있다면 결국 항아리를 깨트린다. 여기에 어떤 사람이 있다고 하자. 전체적으로 모두 좋은데, 오직 하나의 악을 아직 버리지 못했다면 끝내 악인이다. 이것이 선과 악을 둘로 구분하는 방법이다. 하물며 탕왕湯王과 무왕武王의 일은 작은 절조의 문제가 아니니, 선하면 큰 선이고 악하다면 큰 악이 되는데, 선善에 머물면서 작은 악을 가지고 있겠는가? 이러한 이치는 없다. 작은 악을 가지고 있다면 분명 성인이 아니며, 만일 성인이 아니라면 반드시 큰 악으로 귀결될 것인데, 어찌 모호하게 말할 수 있겠는가?

『여유당전서』「논어고금주·팔일 하」

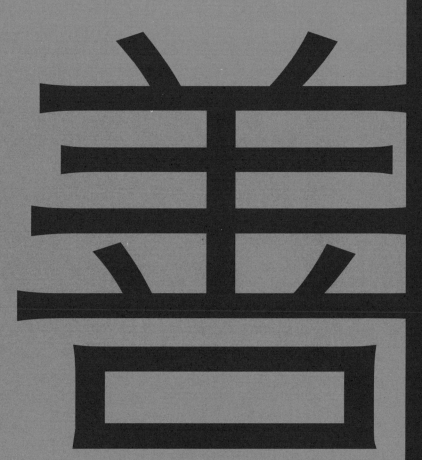

3장

善

원문

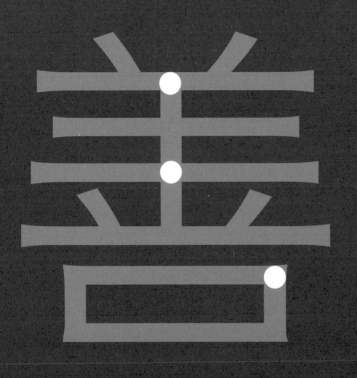

1. 공자의 선: 인을 통한 선의 실현

[공 자 1] 원문 1

子謂韶, "盡美矣, 又盡善也." 謂武, "盡美矣, 未盡善也."

『論語』「八佾」

[공 자 2] 원문 2

子曰: "聖人, 吾不得而見之矣, 得見君子者, 斯可矣." 子曰: "善人, 吾不得而見之矣, 得見有恆者, 斯可矣. 亡而爲有, 虛而爲盈, 約而爲泰, 難乎有恆矣."

『論語』「述而」

[공 자 3] 원문 3

子張問善人之道. 子曰: "不踐迹, 亦不入於室."

『論語』「先進」

[공 자 4] 원문 4

子曰: "君子成人之美, 不成人之惡. 小人反是."

『論語』「顔淵」

[공자 5] 원문 5

子曰:"苟志於仁矣, 無惡也."

『論語』「里仁」

[공자 6] 원문 6

子曰:"德之不脩, 學之不講, 聞義不能徙, 不善不能改, 是吾憂也."

『論語』「述而」

[공자 7] 원문 7

子曰:"唯仁者能好人, 能惡人."

『論語』「里仁」

[공자 8] 원문 8

子貢問曰:"鄕人皆好之, 何如?" 子曰:"未可也.""鄕人皆惡之, 何如?" 子曰:"未可也, 不如鄕人之善者好之, 其不善者惡之."

『論語』「子路」

[공자 9] 원문 9

子曰:"衆惡之, 必察焉, 衆好之, 必察焉."

선善, 그리고 악惡의 논쟁

『論語』「衛靈公」

[공자 10] 원문 10

子貢曰: "君子亦有惡乎?" 子曰: "有惡, 惡稱人之惡者, 惡居下流
而訕上者, 惡勇而無禮者, 惡果敢而窒者." 曰: "賜也亦有惡乎?"
"惡徼以爲知者, 惡不孫以爲勇者, 惡訐以爲直者."
『論語』「陽貨」

[공자 11] 원문 11

子張問於孔子曰: "何如斯可以從政矣?" 子曰: "尊五美, 屛四惡,
斯可以從政矣." 子張曰: "何謂五美?" 子曰: "君子惠而不費, 勞而
不怨, 欲而不貪, 泰而不驕, 威而不猛." 子張曰: "何謂惠而不費?"
子曰: "因民之所利而利之, 斯不亦惠而不費乎? 擇可勞而勞之, 又
誰怨? 欲仁而得仁, 又焉貪? 君子無衆寡, 無小大, 無敢慢, 斯不
亦泰而不驕乎? 君子正其衣冠, 尊其瞻視, 儼然人望而畏之, 斯
不亦威而不猛乎?" 子張曰: "何謂四惡?" 子曰: "不敎而殺謂之虐,
不戒視成謂之暴, 慢令致期謂之賊, 猶之與人也, 出納之吝謂之
有司."
『論語』「堯曰」

[공자 12] 원문 12

葉公語孔子曰: "吾黨有直躬者, 其父攘羊, 而子證之." 孔子曰, "吾

黨之直者異於是. 父爲子隱, 子爲父隱, 直在其中矣."

『論語』「子路」

[공자 13] 원문 13

子曰: "人而不仁, 如禮何? 人而不仁, 如樂何?"

『論語』「八佾」

[공자 14] 원문 14

樊遲問仁. 子曰: "愛人." 問知. 子曰: "知人." 樊遲未達. 子曰: "擧
直錯諸枉, 能使枉者直." 樊遲退, 見子夏曰: "鄕也吾見於夫子而
問知, 子曰, '擧直錯諸枉, 能使枉者直', 何謂也?" 子夏曰: "富哉言
乎! 舜有天下, 選於衆, 擧皐陶, 不仁者遠矣. 湯有天下, 選於衆,
擧伊尹, 不仁者遠矣."

『論語』「顏淵」

[공자 15] 원문 15

樊遲問知. 子曰: "務民之義, 敬鬼神而遠之, 可謂知矣." 問仁. 曰:
"仁者先難而後獲, 可謂仁矣."

『論語』「雍也」

[공자 16] 원문 16

仲弓問仁. 子曰: "出門如見大賓, 使民如承大祭. 己所不欲, 勿施

於人. 在邦無怨, 在家無怨." 仲弓曰: "雍雖不敏, 請事斯語矣."
『論語』「顏淵」

[공 자 1 7] 원문 17

顏淵問仁. 子曰: "克己復禮爲仁. 一日克己復禮, 天下歸仁焉. 爲
仁由己, 而由人乎哉?" 顏淵曰: "請問其目." 子曰: "非禮勿視, 非禮
勿聽, 非禮勿言, 非禮勿動." 顏淵曰: "回雖不敏, 請事斯語矣." 『論
語』「顏淵」

[공 자 1 8] 원문 18

子曰: "士志於道, 而恥惡衣惡食者, 未足與議也." 『論語』「里仁」

[공 자 1 9] 원문 19

子張問仁於孔子. 孔子曰: "能行五者於天下爲仁矣." "請問之." 曰:
"恭寬信敏惠. 恭則不侮, 寬則得衆, 信則人任焉, 敏則有功, 惠則
足以使人."
『論語』「陽貨」

[공 자 2 0] 원문 20

樊遲問仁. 子曰: "居處恭, 執事敬, 與人忠. 雖之夷狄, 不可棄也."
『論語』「子路」

[공자 2 1] 원문 21

曾子曰: "士不可以不弘毅, 任重而道遠. 仁以爲己任, 不亦重乎?
死而後已, 不亦遠乎?"

『論語』「泰伯」

[공자 2 2] 원문 22

子曰: "德之不脩, 學之不講, 聞義不能徙, 不善不能改, 是吾憂
也."

『論語』「述而」

2. 맹자의 선: 도덕적 정당성으로서의 선한 본성

[맹자 1] 원문 23

浩生不害問曰: "樂正子, 何人也?"孟子曰: "善人也, 信人也.""何謂
善? 何謂信?"曰: "可欲之謂善, 有諸己之謂信. 充實之謂美, 充實
而有光輝之謂大, 大而化之之謂聖, 聖而不可知之之謂神. 樂正
子, 二之中, 四之下也."

『孟子』「盡心 下」

[맹자 2] 원문 24

孟子曰: "無爲其所不爲, 無欲其所不欲, 如此而已矣."

선善, 그리고 악惡의 논쟁

『孟子』「盡心 上」

[맹 자 3] 원문 25

孟子曰: "人皆有不忍人之心. 先王有不忍人之心, 斯有不忍人之政
矣. 以不忍人之心, 行不忍人之政, 治天下可運之掌上. 所以謂人
皆有不忍人之心者, 今人乍見孺子將入於井, 皆有怵惕惻隱之心.
非所以內交於孺子之父母也, 非所以要譽於鄉黨朋友也, 非惡其
聲而然也. 由是觀之, 無惻隱之心, 非人也, 無羞惡之心, 非人也,
無辭讓之心, 非人也, 無是非之心, 非人也. 惻隱之心, 仁之端也,
羞惡之心, 義之端也, 辭讓之心, 禮之端也, 是非之心, 智之端也.
人之有是四端也, 猶其有四體也."
『孟子』「公孫丑 上」

[맹 자 4] 원문 26

所欲有甚於生者, 所惡有甚於死者, 非獨賢者有是心也, 人皆有
之, 賢者能勿喪耳. 一簞食, 一豆羹, 得之則生, 弗得則死. 嘑爾而
與之, 行道之人弗受, 蹴爾而與之, 乞人不屑也.
『孟子』「告子 上」

[맹 자 5] 원문 27

孟子曰: "君子所以異於人者, 以其存心也. 君子以仁存心, 以禮存
心. 仁者愛人, 有禮者敬人. 愛人者人恆愛之, 敬人者人恆敬之. 有

人於此, 其待我以橫逆, 則君子必自反也, 我必不仁也, 必無禮
也, 此物奚宜至哉? 其自反而仁矣, 自反而有禮矣, 其橫逆由是
也, 君子必自反也: 我必不忠. 自反而忠矣, 其橫逆由是也, 君子
曰, '此亦妄人也已矣. 如此則與禽獸奚擇哉? 於禽獸又何難焉?'
是故君子有終身之憂, 無一朝之患也. 乃若所憂則有之: 舜人也,
我亦人也. 舜爲法於天下, 可傳於後世, 我由未免爲鄕人也, 是則
可憂也. 憂之如何? 如舜而已矣. 若夫君子所患則亡矣. 非仁無爲
也, 非禮無行也. 如有一朝之患, 則君子不患矣."

『孟子』「離婁 下」

[맹자 6] 원문 28

"雖存乎人者, 豈無仁義之心哉? 其所以放其良心者, 亦猶斧斤之
於木也, 旦旦而伐之, 可以爲美乎? 其日夜之所息, 平旦之氣, 其
好惡與人相近也者幾希, 則其旦晝之所爲, 有梏亡之矣. 梏之反
覆, 則其夜氣不足以存; 夜氣不足以存, 則其違禽獸不遠矣. 人見
其禽獸也, 而以爲未嘗有才焉者, 是豈人之情也哉? 故苟得其養,
無物不長, 苟失其養, 無物不消. 孔子曰, '操則存, 舍則亡; 出入無
時, 莫知其鄕.' 惟心之謂與?"

『孟子』「告子 上」

[맹자 7] 원문 29

孟子曰: "雞鳴而起, 孳孳爲善者, 舜之徒也. 雞鳴而起, 孳孳爲利

선善, 그리고 악惡의 논쟁

者, 蹠之徒也. 欲知舜與蹠之分, 無他, 利與善之閒也."

『孟子』「盡心 上」

[맹자 8] 원문 30

孟子見梁惠王. 王曰: "叟不遠千里而來, 亦將有以利吾國乎?" 孟子對曰: "王何必曰利? 亦有仁義而已矣."

『孟子』「梁惠王 上」

[맹자 9] 원문 31

孟子曰: "有天爵者, 有人爵者. 仁義忠信, 樂善不倦, 此天爵也, 公卿大夫, 此人爵也. 古之人修其天爵, 而人爵從之. 今之人修其天爵, 以要人爵; 旣得人爵, 而棄其天爵, 則惑之甚者也, 終亦必亡而已矣."

『孟子』「告子 上」

[맹자 10] 원문 32

"無恆産而有恆心者, 惟士爲能. 若民, 則無恆産, 因無恆心. 苟無恆心, 放辟邪侈, 無不爲已. 及陷於罪, 然後從而刑之, 是罔民也. 焉有仁人在位, 罔民而可爲也? 是故明君制民之産, 必使仰足以事父母, 俯足以畜妻子, 樂歲終身飽, 凶年免於死亡. 然後驅而之善, 故民之從之也輕. 今也制民之産, 仰不足以事父母, 俯不足以畜妻子, 樂歲終身苦, 凶年不免於死亡. 此惟救死而恐不贍, 奚暇治禮義哉?"

『孟子』「梁惠王 上」

[맹 자 1 1] 원문 33

曰:"何如斯可以囂囂矣?"曰:"尊德樂義, 則可以囂囂矣. 故士窮
不失義, 達不離道. 窮不失義, 故士得己焉, 達不離道, 故民不失
望焉. 古之人, 得志, 澤加於民; 不得志, 脩身見於世. 窮則獨善其
身, 達則兼善天下."

『孟子』「盡心 上」

[맹 자 1 2] 원문 34

曰:"其爲人也好善.""好善足乎?"曰:"好善優於天下, 而況魯國
乎? 夫苟好善, 則四海之內, 皆將輕千里而來告之以善. 夫苟不好
善, 則人將曰, '訑訑, 予旣已知之矣.' 訑訑之聲音顏色, 距人於千
里之外. 士止於千里之外, 則讒諂面諛之人至矣. 與讒諂面諛之
人居, 國欲治, 可得乎?"

『孟子』「告子 下」

[맹 자 1 3] 원문 35

孟子曰:"仁言, 不如仁聲之入人深也. 善政, 不如善教之得民也.
善政民畏之, 善教民愛之; 善政得民財, 善教得民心."

『孟子』「盡心 上」

[맹 자 1 4] 원문 36

桃應問曰:"舜爲天子, 皋陶爲士, 瞽瞍殺人, 則如之何?"孟子曰:
"執之而已矣.""然則舜不禁與?"曰:"夫舜惡得而禁之? 夫有所
受之也.""然則舜如之何?"曰:"舜視棄天下, 猶棄敝蹝也. 竊負而
逃, 遵海濱而處, 終身訢然, 樂而忘天下."

『孟子』「盡心 上」

[맹 자 1 5] 원문 37

孟子曰: "不孝有三, 無後爲大. 舜不告而娶, 爲無後也, 君子以
爲猶告也."

『孟子』「離婁 上」

[맹 자 1 5] 원문 38

萬章問曰:"『詩』云, '娶妻如之何? 必告父母.'信斯言也, 宜莫如
舜. 舜之不告而娶, 何也?"孟子曰:"告則不得娶. 男女居室, 人之
大倫也. 如告, 則廢人之大倫, 以懟父母, 是以不告也."

『孟子』「萬章 上」

[맹 자 1 6] 원문 39

告子曰:"生之謂性."孟子曰:"生之謂性也, 猶白之謂白與?"曰:
"然.""白羽之白也, 猶白雪之白, 白雪之白猶白玉之白與?"曰:"然."
"然則犬之性猶牛之性, 牛之性猶人之性與?"

『孟子』「告子 上」

[맹 자 1 7] 원문 40

告子曰: "食色, 性也. 仁, 內也, 非外也, 義, 外也, 非內也." 孟子曰:
"何以謂仁內義外也?" 曰: "彼長而我長之, 非有長於我也, 猶彼白
而我白之, 從其白於外也, 故謂之外也." 曰: "異於白馬之白也, 無
以異於白人之白也, 不識長馬之長也, 無以異於長人之長與? 且
謂長者義乎? 長之者義乎?" 曰: "吾弟則愛之, 秦人之弟則不愛
也, 是以我爲悅者也, 故謂之內. 長楚人之長, 亦長吾之長, 是以
長爲悅者也, 故謂之外也." 曰: "耆秦人之炙, 無以異於耆吾炙, 夫
物則亦有然者也, 然則耆炙亦有外歟?"

『孟子』「告子 上」

3. 순자의 선: 도덕적 규범의 제도적 정당화

[순 자 1] 원문 41

人之性惡, 其善者, 僞也. 今人之性, 生而有好利焉, 順是, 故爭奪
生而辭讓亡焉. 生而有疾惡焉, 順是, 故殘賊生而忠信亡焉. 生而
有耳目之欲, 有好聲色焉, 順是, 故淫亂生而禮義文理亡焉.

『荀子』「性惡」

선善, 그리고 악惡의 논쟁

孟子曰: "人之學者, 其性善." 曰: "是不然, 是不及知人之性, 而不
察乎人之性僞之分者也. 凡性者, 天之就也, 不可學, 不可事. 禮
義者, 聖人之所生也, 人之所學而能, 所使而成者也. 不可學, 不
可事, 而在人者, 謂之性. 可學而能, 可事而成之在人者, 謂之僞,
是性僞之分也. 今人之性, 目可以見, 耳可以聽, 夫可以見之明不
離目, 可以聽之聰而不離耳, 目明而耳聰, 不可學, 明矣." 孟子曰:
"今人之性善, 將皆失喪其性, 故也." 曰: "若是則過矣. 今人之性,
生而離其朴, 離其資, 必失而喪之. 用此觀之 然則人之性惡明矣."
『荀子』「性惡」

今人之性, 飢而欲飽, 寒而欲煖, 勞而欲休, 此人之情性也. 今人
飢, 見長以不敢先食者, 將有所讓也. 勞而不敢求息者, 將有所代
也. 夫子之讓乎父, 弟之讓乎兄, 子之代乎父, 弟之代乎兄, 此二行
者, 皆反於性而悖於情也.
『荀子』「性惡」

孟子曰: "人之性善." 曰: "是不然. 凡古今天下之所謂善者, 正理平
治也, 所謂惡者, 偏險悖亂也, 是善惡之分也已. 今誠以人之性,
固正理平治邪? 則有惡用聖王. 惡用禮義矣哉. 雖有聖王禮義, 將

竭加於正理平治也哉? 今不然, 人之性惡. 故古者聖人以人之性
惡, 以爲偏險而不正, 悖亂而不治, 故爲之立君上之勢以臨之, 明
禮義而化之, 起法正以治之, 重刑罰以禁之, 使天下皆出於治, 合
於善也. 是聖王之治而禮義之化也. 今當試去君上之勢, 無禮義
之化, 去法正之治, 無刑罰之禁, 倚而觀天下民人之相與也, 若是,
則夫彊者害弱而奪之, 衆者暴寡而譁之, 天下之悖亂而相亡不待
頃矣. 用此觀之, 然則人之性惡明矣, 其善者, 僞也."
『荀子』「性惡」

[순 자 5] 원문 45

禮起於何也. 曰: "人生而有欲, 欲而不得, 則不能無求, 求而無度
量分界, 則不能不爭, 爭則亂, 亂則窮. 先王惡其亂也, 故制禮義
以分之. 以養人之欲, 給人之求, 使欲必不窮乎物, 物必不屈於欲,
兩者相持而長, 是禮之所起也."
『荀子』「禮論」

[순 자 6] 원문 46

心之所可中理, 則欲雖多, 奚傷於治? 欲不及而動過之, 心使之也.
心之所可失理, 則欲雖寡, 奚止於亂? 故治亂在於心之所可, 亡於
情之所欲. 不求之其所在而求之其所亡, 雖曰我得之, 失之矣. 性
者, 天之就也. 情者, 性之質也. 欲者, 情之應也. 以欲爲可得而求
之, 情之所必不免也. 以爲可而道之, 知所必出也. 故雖爲守門, 欲

선善, 그리고 악惡의 논쟁

不可去, 性之具也. 雖爲天子, 欲不可盡.

『荀子』「正名」

[순자 7] 원문 47

先王之道, 仁之隆也, 比中而行之. 曷謂中. 曰:"禮義是也."道者, 非天之道, 非地之道, 人之所以道也, 君子之所道也. (…) 凡事行, 有益於治者, 立之. 無益於理者, 廢之, 夫是之謂中事. 凡知說, 有益於理者, 爲之. 無益於理者, 舍之. 夫是之謂中說. 事行失中謂之姦事, 知說失中謂之姦道. 姦事‧姦道, 治世之所棄而亂世之所從服也.

『荀子』「儒效」

[순자 8] 원문 48

人之所以爲人者, 非特以其二足而無毛也, 以其有辨也. 夫禽獸有父子而無父子之親, 有牝牡而無男女之別, 故人道莫不有辨. 辨莫大於分, 分莫大於禮, 禮莫大於聖王.

『荀子』「非相」

[순자 9] 원문 49

分均則不偏, 執齊則不一, 衆齊則不使. 有天有地, 而上下有差, 明王始立而處國有制. 夫兩貴之不能相事, 兩賤之不能相使, 是天數也. 執位齊, 而欲惡同, 物不能澹則必爭, 爭則必亂, 亂則窮矣.

先王惡其亂也, 故制禮義以分之, 使有貧富貴賤之等, 足以相兼
臨者, 是養天下之本也.
『荀子』「王制」

[순자 10] 원문 50

扁善之度, 以治氣養生, 則後彭祖. 以修身自名, 則配堯禹. 宜於時
通, 利以處窮, 禮信是也. 凡用血氣·志意·知慮, 由禮則治通, 不
由禮則勃亂提僈. 食飲·衣服·居處·動靜, 由禮則和節, 不由禮則
觸陷生疾. 容貌·態度·進退·趨行, 由禮則雅, 不由禮則夷固僻
違, 庸衆而野. 故人無禮則不生, 事無禮則不成, 國家無禮則不寧.
『荀子』「修身」

4. 주희의 선: 선험적 실재로서의 선

[주희 1] 원문 51

陳厚之問"寂然不動, 感而遂通."曰: "寂然是體, 感是用. 當其寂
然時, 理固在此, 必感而後發. 如仁感爲惻隱, 未感時只是仁; 義
感爲羞惡, 未感時只是義." 某問 "胡氏說此, 多指心作已發." 曰:
"便是錯了. 縱使已發, 感之體固在, 所謂'動中未嘗不靜.'如此則
流行發見, 而常卓然不可移. 今只指作已發, 一齊無本了, 終日只得
奔波急迫, 大錯了!"可學.

선善, 그리고 악惡의 논쟁

『朱子語類』「易十一」

[주희 2] 원문 52

性是太極渾然之體, 本不可以名字言. 但其中含具萬理, 而綱理
之大者有四, 故命之曰仁·義·禮·智. 孔門未嘗備言, 至孟子而始備
言之者, 蓋孔子時性善之理素明, 雖不詳著其條而說自具. 至孟
子時, 異端蠭起, 往往以性爲不善. 孟子懼是理之不明而思有以明
之, 苟但曰渾然全體, 則恐其如無星之秤, 無寸之尺, 終不足以曉
天下. 於是別而言之, 界爲四破, 而四端之說於是而立. 蓋四端之
未發也, 雖寂然不動, 而其中自有條理, 自有間架, 不是儱侗都無
一物. 所以外邊纔感, 中間便應. 如赤子入井之事感, 則仁之理便
應, 而惻隱之心於是乎形. 如過廟過朝之事感, 則禮之理便應, 而
恭敬之心於是乎形. 蓋由其中間衆理渾具, 各各分明, 故外邊所
遇隨感而應, 所以四端之發各有面貌之不同. 是以孟子析而爲四,
以示學者, 使知渾然全體之中而粲然有條若此, 則性之善可知矣.
『朱子大全』「答陳器之」

[주희 3] 원문 53

"'喜怒哀樂未發謂之中', 只是思慮未萌, 無纖毫私欲, 自然無所偏
倚. 所謂'寂然不動', 此之謂中. 然不是截然作二截, 如僧家塊然
之謂. 只是這箇心自有那未發時節, 自有那已發時節. 謂如此事未
萌於思慮要做時, 須便是中是體; 及發於思了, 如此做而得其當時,

便是和是用, 只管夾雜相滾. 若以爲截然有一時是未發時, 一時是
已發時, 亦不成道理. 今學者或謂每日將半日來靜做工夫, 卽是有
此病也." 曰: "喜怒哀樂未發而不中者如何?" 曰: "此卻是氣質昏
濁, 爲私欲所勝, 客來爲主. 其未發時, 只是塊然如頑石相似, 劈
斫不開; 發來便只是那乖底." 曰: "如此, 則昏時是他不察, 如何?"
曰: "言察, 便是呂氏求中, 卻是已發. 如伊川云: '只平日涵養便是.'"
又曰: "看來人逐日未發時少, 已發時多." 曰: "然."
『朱子語類』「中庸一·第一章」

[주희 4] 원문 54

"'天命之謂性.' 命, 便是告箚之類; 性, 便是合當做底職事. 如主簿
銷注, 縣尉巡捕; 心, 便是官人; 氣質, 便是官人所習尙, 或寬或猛;
情, 便是當廳處斷事, 如縣尉捉得賊. 情便是發用處. 性只是仁義
禮智. 所謂天命之與氣質, 亦相袞同. 才有天命, 便有氣質, 不能相
離. 若闕一, 便生物不得. 旣有天命, 須是有此氣, 方能承當得此
理. 若無此氣, 則此理如何頓放! 天命之性, 本未嘗偏. 但氣質所
稟, 卻有偏處, 氣有昏明厚薄之不同. 然仁義禮智, 亦無闕一之理.
但若惻隱多, 便流爲姑息柔懦; 若羞惡多, 便有羞惡其所不當羞惡
者. 且如言光; 必有鏡, 然後有光; 必有水, 然後有光. 光便是性,
鏡水便是氣質. 若無鏡與水, 則光亦散矣. 謂如五色, 若頓在黑多
處, 便都黑了; 入在紅多處, 便都紅了, 卻看你稟得氣如何, 然此理
卻只是善. 旣是此理, 如何得惡! 所謂惡者, 卻是氣也. 孟子之論,

盡是說性善. 至有不善, 說是陷溺, 是說其初無不善, 後來方有不善耳. 若如此, 卻似'論性不論氣', 有些不備. 卻得程氏說出氣質來接一接, 便接得有首尾, 一齊圓備了."(…) 或問, "若是氣質不善, 可以變否?"曰: "須是變化而反之. 如'人一己百, 人十己千', 則'雖愚必明, 雖柔必强.'"

『朱子語類』「性理一」

[주 희 5] 원문 55

人之有生, 性與氣合而已. 然卽其已合而析言之, 則性主於理而無形, 氣主於形而有質. 以其主理而無形, 故公而無不善: 以其主形而有質, 故私而或不善. 以其公而善也, 故其發皆天理之所行: 以其私而或不善也, 故其發皆人欲之所作. 此舜之戒禹所以有人心道心之別, 蓋自其根本而已然, 非爲氣之所爲有過不及而後流於人欲也. 然但謂之人心, 則固未以爲悉皆邪惡: 但謂之危, 則固未以爲便致凶咎. 但旣不主於理而主於形, 則其流爲邪惡以致凶咎亦不難矣. 此其所以爲危, 非若道心之必善而無惡, 有安而無傾, 有準的而可憑據也. 故必其致精一於此兩者之間, 使公而無不善者常爲一身萬事之主, 而私而或不善者不得與焉, 則凡所云爲不待擇於過與不及之間而自然無不中矣.

『朱子大全』「答蔡季通」

臣謹按, 此傳之三章, 釋經文'止於至善'之義. 其曰'邦畿千里,
維民所止'者, 以民止於邦畿, 明物之各有所止也. 其曰'可以人而不
如鳥乎'者, 言鳥於其欲止之時猶知其當止之處, 豈可人爲萬物之
靈, 而反不如鳥之能知所止而止之也? 其引'穆穆文王'以下一節,
則以聖人之止而明至善之所在也. 蓋天生烝民, 有物有則, 是以
萬物庶事莫不各有當止之所. 但所居之位不同, 則所止之善不一.
故爲人君, 則其所當止者在於仁, 爲人臣, 則其所當止者在於敬,
爲人子, 則其所當止者在於孝, 爲人父, 則其所當止者在於慈, 與
國人交, 則其所當止者在於信. 是皆天理人倫之極致, 發於人心之
不容已者. 而文王之所以爲法於天下, 可傳於後世者, 亦不能加毫
末於是焉. 但衆人類爲氣稟物欲之所昏, 故不能常敬而失其所止.
唯聖人之心表裏洞然, 無有一毫之蔽, 故連續光明, 自無不敬, 而
所止者莫非至善, 不待知所止而後得所止也. (…) 然君之所以仁,
臣之所以敬, 子之所以孝, 父之所以慈, 朋友之所以信, 皆人心天
命之自然, 非人之所能爲也. 但能因事推窮以至其極, 而又推類
以盡其餘, 則天下之物皆有以見其至善之所在而止之矣.

『朱子大全』「經筵講義」

5. 퇴계의 선: 선한 본성의 현실태로서의 감정

[이황 1] 원문 57

往年鄭生之作圖也, 有四端發於理·七情發於氣之說. 愚意亦恐
其分別太甚, 或致爭端, 故改下純善兼氣等語. 蓋欲相資以講明,
非謂其言之無疵也. 今者, 蒙示辯說, 摘抉差謬, 開曉諄悉, 警益
深矣.

『退溪先生文集』「答奇明彦」

[이황 2] 원문 58

夫四端, 情也. 七情, 亦情也. 均是情也, 何以有四七之異名耶? 來
喩所謂所就以言之者不同, 是也. 蓋理之與氣本相須以爲體, 相
待以爲用, 固未有無理之氣, 亦未有無氣之理. 然而所就而言之
不同, 則亦不容無別. 從古聖賢有論及二者, 何嘗必滾合爲一說,
而不分別言之耶? 且以性之一字言之, 子思所謂天命之性, 孟子
所謂性善之性, 此二性字所指而言者, 何在乎? 將非就理氣賦與
之中, 而指此理源頭本然處言之乎? 由其所指者, 在理不在氣, 故
可謂之純善無惡耳. 若以理氣不相離之故, 而欲兼氣爲說, 則已
不是性之本然矣. 夫以子思孟子洞見道體之全, 而立言如此者, 非
知其一不知其二也, 誠以爲雜氣而言性, 則無以見性之本善故也.
至於後世程張諸子之出, 然後不得已而有氣質之性之論, 亦非求
多而立異也, 所指而言者, 在乎稟生之後, 則又不得純以本然之性

稱之也. 故愚嘗妄以爲情之有四端七情之分, 猶性之有本性氣稟
之異也. 然則其於性也, 旣可以理氣分言之, 至於情, 獨不可以理
氣分言之乎? 惻隱羞惡辭讓是非, 何從而發乎? 發於仁義禮智之
性焉爾. 喜怒哀懼愛惡欲, 何從而發乎? 外物觸其形而動於中, 緣
境而出焉爾. 四端之發, 孟子旣謂之心, 則心固理氣之合也. 然而
所指而言者則主於理, 何也? 仁義禮智之性粹然在中, 而四者其端
緒也. 七情之發, 程子謂之動於中, 朱子謂之各有攸當, 則固亦兼
理氣也. 然而所指而言者則在乎氣, 何也? 外物之來, 易感而先動
者莫如形氣, 而七者其苗脈也. 安有在中爲純理, 而才發爲雜氣,
外感則形氣, 而其發顧爲理不爲氣耶? 四端皆善也, 故曰 '無四者
之心, 非人也', 而曰 '乃若其情則可以爲善矣.' 七情本善, 而易流
於惡, 故其發而中節者, 乃謂之和, 一有之而不能察, 則心已不得
其正矣. 由是觀之, 二者雖曰皆不外乎理氣, 而因其所從來, 各指
其所主而言之, 則謂之某爲理, 某爲氣, 何不可之有乎?

『退溪先生文集』「答奇明彦」

[이황 3] 원문 59

蓋渾淪而言, 則七情兼理氣, 不待多言而明矣. 若以七情對四端,
而各以其分言之, 七情之於氣, 猶四端之於理也. 其發各有血脈,
其名皆有所指, 故可隨其所主而分屬之耳. 雖滉亦非謂七情不干
於理, 外物偶相湊著而感動也. 且四端感物而動, 固不異於七情.
但四則理發而氣隨之, 七則氣發而理乘之耳.

『退溪先生文集』「答奇明彦」

[이황 4] 원문 60

[問]天地之性, 譬則天上之月也; 氣質之性, 譬則水中之月也. 月雖若有在天在水之不同, 然其爲月則一而已矣. 今乃以爲天上之月是月, 水中之月是水, 則豈非所謂碍者乎? 而況所謂四端七情者, 乃理墮氣質以後事, 恰似水中之月光, 而其光也, 七情則有明有暗, 四端則特其明者. 而七情之有明暗者, 固因水之淸濁而四端之不中節者, 則光雖明而未免有波浪之動者也. 伏乞將此道理, 更入思議如何. [答]月落萬川, 處處皆圓之說, 嘗見先儒有論其不可, 今不記得, 但就來喻而論之. 天上水中, 雖同是一月, 然天上眞形, 而水中特光影耳, 故天上指月則實得, 而水中撈月則無得也. 誠使性在氣中, 如水中月影, 撈而無得, 則何以能明善誠身而復性之初乎? 然此則就性而取比, 猶或彷彿, 若比於情, 則尤有所不然者. 蓋月之在水, 水靜則月亦靜, 水動則月亦動, 其於動也, 安流淸漾, 光景映徹者, 水月之動, 固無礙也. 其或水就下而奔流, 及爲風簸而蕩, 石激而躍, 則月爲之破碎閃颭, 凌亂減沒, 而甚則遂至於無月矣. 夫如是, 豈可曰水中之月有明有暗, 皆月之所爲, 而非水之所得與乎? 滉故曰, 月之光景, 呈露於安流淸漾者, 雖指月而言其動, 而水動在其中矣. 若水因風簸石激, 而汩月無月者, 只當指水而言其動, 而其月之有無明暗, 系水動之大小如何耳.

『退溪先生文集』[答奇明彦]

[이황 5] 원문 61

告時甫頃論心有善惡之說, 大錯. 性卽理, 固有善無惡. 心合理
氣, 似未免有惡. 然極其初而論之, 心亦有善無惡, 何者? 心之未
發, 氣未用事, 唯理而已, 安有惡乎? 惟於發處, 理蔽於氣, 方趨於
惡, 此所謂幾分善惡. 而先儒力辨其非有兩物相對而生者也.
『退溪先生文集』「與洪應吉」

[이황 6] 원문 62

湛一, 氣之本, 當此時, 未可謂之惡, 然氣何能純善? 惟是氣未用
事時, 理爲主, 故純善耳.
『退溪先生文集』「答李公浩」

[이황 7] 원문 63

意者, 心之所發, 而心者, 性情之主也. 故當此心未發之前, 如太極
具動靜之理而未判爲陰陽者也. 一心之內, 渾然一性, 純善而無
惡矣. 及此心已發之時, 如太極已判而動爲陽靜爲陰者也. 於斯
時也, 氣始用事, 故其情之發, 不能無善惡之殊. 而其端甚微, 於
是意爲心發, 而又挾其情而左右之, 或循天理之公, 或循人欲之
私, 善惡之分, 由玆而決焉, 此所謂意幾善惡者也. 雖然, 善之發
也, 原於固有, 故直遂而順, 惡之萌也, 出於本無, 故旁橫而戾.
『退溪先生文集 · 退溪先生續集』「天命圖說」

[이황 8] 원문 64

私者, 一心之蟊賊, 而萬惡之根本也. 自古國家治日常少, 亂日常多, 馴致於滅身亡國者, 盡是人君不能去一私字故也. 然欲去心賊拔惡根, 以復乎天理之純, 不深藉學問之功不可, 而其爲功亦難.

『退溪先生文集』「箚·戊辰 經筵啓箚二」

[이황 9] 원문 65

志意之辨, 晦菴諸先生說已詳, 而來辯亦得之. 但志公意私, 此公私字, 非分善惡而言, 只如今人言公事私事之類. 公事非必皆善, 私事非必皆惡, 但以官家事屬公共, 故謂之公事; 民間事屬私獨, 故謂之私事耳. 亦如人心發於形氣之私, 形氣非盡私邪也, 但言屬一己所獨云爾.

『退溪先生文集』「答鄭子中講目」

[이황 10] 원문 66

朱子云"志是心之所之一直去底, 意是志之經營往來底, 是那志底脚, 凡營爲謀度往來, 皆意也." 又云"志是公然主張要做事底, 意是私地潛行間發底, 志如伐, 意如侵." 合此數說而觀之, 志公意私, 可見.

『退溪先生文集』「答鄭子中別紙」

[이황 11] 원문 67

要之, 兼理氣統性情者, 心也, 而性發爲情之際, 乃一心之幾微, 萬化之樞要, 善惡之所由分也. 學者誠能一於持敬, 不昧理欲, 而尤致謹於此, 未發而存養之功深, 已發而省察之習熟, 眞積力久而不已焉, 則所謂精一執中之聖學·存體應用之心法, 皆可不待外求而得之於此矣.

『退溪先生文集』「進聖學十圖箚」

[이황 12] 원문 68

人心備體用, 該寂感, 貫動靜. 故其未感於物也, 寂然不動, 萬理咸具, 而心之全體無不存, 事物之來, 感而遂通, 品節不差, 而心之大用無不行. 靜則寂而未發之謂也, 動則感而已發之謂也. 人之所以參三而立極者, 不出此兩端而已. 故來喩所謂'未接物前, 不起不滅之時', 所謂'虛靈之地, 炯然不昧', 所謂'喜怒哀樂之未感, 思慮云爲之未擾', 皆屬之寂然而靜, 卽所謂未發也. 所謂纔思時, 所謂思索時, 所謂窮格時, 所謂思慮紛糾時, 所謂事物應酬時, 皆屬之感通而動, 卽所謂已發也. 其所謂至靜之中, 有動之端者, 亦非謂已動也, 只是有動之理云耳, 故此亦當屬之未發也. 未發則爲戒愼恐懼之地, 已發則爲體察精察之時, 而所謂喚醒與提起照管之功, 則通貫乎未發已發之間, 而不容間斷者, 卽所謂敬也. 竊詳來喩, 以心之未接物前, 爲寂然不動, 思索窮格與事物應酬時, 爲已發可觀, 而於二者之間, 又把靜而微動, 思而未著者, 爲

선善, 그리고 악惡의 논쟁

未發時看, 此意雖似精密, 而大段有病也. 蓋靜則未動, 斯爲未發,
安有微動之靜, 可喚做未發者乎? 思則已著, 斯爲已發, 安有未著
之思, 可喚做未發者乎? 向見尹彦久有心有三關論, 今此所論, 正
與相似. 但彦久說, 記得不全, 大槩以爲心有在外關者, 中關者,
內關者, 其說尤有病. 公則不然, 只以心之動靜微著, 而分三截看,
雖不至如彦久之病, 然其實則一也. 程子心爲已發之語, 偶發而旋
自說其誤, 今不當引以爲證. 才思卽是已發, 則實不易之至論. 朱
子答呂子約書, 說此甚分明, 可考見也. 何可以才思爲說得輕, 而
可屬之未發乎?

『退溪先生文集』「答黃仲擧」

[이황 1 3] 원문 69

滉聞書院諸生, 自春散去, 至今歲盡, 而猶未復聚, 心竊嘆恨, 不
知所以爲計也. 國家之許立書院, 何爲也哉? 將非尊賢養士樂育
人材之地也乎? 金仲文爲其有司, 所當遵 國家之美意, 敬謹其
職, 使多士樂就之, 可也. 乃反倨傲鮮腆, 視諸生如小兒, 至發鄙
賤之語, 則諸生之激怒, 空院而去, 豈可謂諸生之過也哉? 不請於
朝, 而徑遞仲文之任, 韓守琦則固爲非也, 然仲文之仍在其任, 實
亦難矣. 爲仲文計, 於此尤當慚悔自責, 屈己謝過, 至誠至懇, 則諸
生之意, 釋然自解, 仲文猶爲善人, 而書院無一事矣. 仲文則不然.
懷忿懟挾猜憾, 敵諸生而必欲納之於罪罟, 因是而致有 朝廷之推
問, 則非唯儒冠被捉而庭詰, 其身亦未免於縲絏. 此則仲文之失,

至再愈大, 而亦不善爲身謀者也. 滉聞之, 過而不改, 是謂過矣,
又聞之, 過而能改則無過. 仲文雖有再過, 能改則猶爲無過人矣.
近聞, 仲文尙不知悔, 乃攘臂大言曰: "我見某某, 必不擇梃刃而辱
之", 又曰: "此事終必有士林之禍." 嗚呼! 仲文其信有此言乎? 其
或不然, 而傳之者過也, 傳之者過, 則仲文幸矣. 使誠有是言, 則
其能改過而從善, 可必乎? 夫以仲文之鷗張如是, 彼爲士者, 前見
儒冠之辱, 後聞恐嚇之言, 以懷恥之心, 兼畏禍之慮, 其不肯復入
書院, 亦何足怪哉.

『退溪先生文集』「擬與榮川守論紹修書院事」

[이황 14] 원문 70

示諭學者盜名欺世之論, 此非獨高明憂之, 拙者亦憂之. 然而欲
訶抑者, 亦非易事, 何者? 彼其設心, 本欲欺世而盜名者, 姑置不
言, 獨念夫降衷秉彝, 人同好善, 天下英材其誠心願學者何限? 若
以犯世患之故而一切訶止之, 是違帝命錫類之意, 絶天下向道之
路, 吾之得罪於天與聖門已甚, 何暇憂人之欺且盜乎?

『退溪先生文集』「答曺楗仲」

6. 율곡 이이의 선: 기질 변화를 통한 선의 실현

[이이 1] 원문 71

問情之發也, 雖非中節, 而若爲善而發, 則亦可謂之善情乎? 曰: "不然. 善惡只在中與過不及而已. 才出於中, 則皆謂之不善之情也." 曰: "善情有淺深, 淺底雖未及於中, 而乃善邊底情也, 幷謂之不善之情, 似乎未安." 曰: "情之發也, 當淺而淺, 當深而深, 此乃中節之情也. 於所厚者, 合出十分之情, 而若出五六分, 則此謂不及之情也. 於所薄者, 合出五六分之情, 而若出十分, 則此亦過中之情也. 是皆不善之情也. 如見孺子之將入井, 狂奔手援, 則便是中節之情. 而只爲立視而但曰, 可憐云, 則雖愈於恬然者, 而亦可謂之不善之情也."

『栗谷先生文集』「語錄 上」

[이이 2] 원문 72

問 "橫渠先生曰: '徒善未必盡義, 徒是未必盡仁, 好仁而惡不仁, 然後盡仁義之道.' 惡不仁, 未知其徒是底意思耶?" 曰: "惡不仁, 非徒是也. 好仁而不惡不仁, 是乃徒善徒是也."

『栗谷先生文集』「語錄 上」

[이이 3] 원문 73

臣按天理之賦於人者, 謂之性. 合性與氣而爲主宰於一身者, 謂之心. 心應事物而發於外者, 謂之情. 性是心之體, 情是心之用, 心是未發已發之摠名, 故曰心統性情. 性之目有五, 曰仁義禮智信. 情

之目有七, 曰喜怒哀懼愛惡欲, 情之發也. 有爲道義而發者, 如欲
孝其親, 欲忠其君, 見孺子入井而惻隱, 見非義而羞惡, 過宗廟而
恭敬之類, 是也. 此則謂之道心. 有爲口體而發者, 如飢欲食, 寒
欲衣, 勞欲休, 精盛思室之類, 是也. 此則謂之人心. 理氣渾融, 元
不相離, 心動爲情也, 發之者, 氣也, 所以發者, 理也. 非氣則不能
發, 非理則無所發, 安有理發氣發之殊乎? 但道心雖不離乎氣,
而其發也爲道義, 故屬之性命. 人心雖亦本乎理, 而其發也爲口
體, 故屬之形氣. 方寸之中, 初無二心, 只於發處, 有此二端. 故發
道心者, 氣也, 而非性命則道心不生, 原人心者, 理也, 而非形氣則
人心不生. 此所以或原或生, 公私之異者也. 道心, 純是天理, 故
有善而無惡. 人心, 也有天理, 也有人欲, 故有善有惡. 如當食而
食, 當衣而衣, 聖賢所不免, 此則天理也. 因食色之念而流而爲惡
者, 此則人欲也. 道心, 只可守之而已. 人心, 易流於人欲, 故雖善
亦危, 治心者, 於一念之發, 知其爲道心, 則擴而充之, 知其爲人
心, 則精而察之, 必以道心節制, 而人心常聽命於道心, 則人心亦
爲道心矣. 何理之不存, 何欲之不遏乎?

『栗谷先生文集』「人心道心圖說」

[이 이 4] 원문 74

人心道心, 相爲終始者, 何謂也? 今人之心, 直出於性命之正, 而
或不能順而遂之, 閒之以私意, 則是始以道心, 而終以人心也. 或
出於形氣, 而不咈乎正理, 則固不違於道心矣. 或咈乎正理, 而知

非制伏, 不從其欲, 則是始以人心, 而終以道心也. 蓋人心道心, 兼情意而言也, 不但指情也. 七情則統言人心之動, 有此七者. 四端, 則就七情中擇其善一邊而言也, 固不如人心道心之相對說下矣.

『栗谷先生文集』「答成浩原」

[이이 5] 원문 75

大抵未發則性也, 已發則情也, 發而計較商量則意也. 心爲性情意之主, 故未發已發及其計較, 皆可謂之心也. 發者, 氣也, 所以發者, 理也. 其發直出於正理而氣不用事, 則道心也, 七情之善一邊也. 發之之際, 氣已用事, 則人心也, 七情之合善惡也. 知其氣之用事, 精察而趨乎正理, 則人心聽命於道心也. 不能精察而惟其所向, 則情勝慾熾, 而人心愈危, 道心愈微矣. 精察與否, 皆是意之所爲, 故自修莫先於誠意. 今若曰: '四端理發而氣隨之, 七情氣發而理乘之', 則是理氣二物, 或先或後, 相對爲兩岐, 各自出來矣, 人心豈非二本乎? 情雖萬般, 夫孰非發於理乎? 惟其氣或揜而用事, 或不揜而聽命於理, 故有善惡之異. 以此體認, 庶幾見之矣. 別紙之說, 大槪得之. 但所謂'四七發於性, 人心道心發於心'者, 似有心性二岐之病. 性則心中之理也, 心則盛貯性之器也, 安有發於性發於心之別乎? 人心道心皆發於性, 而爲氣所揜者爲人心, 不爲氣所揜者爲道心.

『栗谷先生文集』「答成浩原」

[이 이 6] 원문 76

珥所謂知之至善云者, 不必深排. 夫至善云者, 只是事物當然之
則也. 其則非他, 只是十分恰好處耳. 統而言之, 則知行俱到, 一
疵不存, 萬理明盡之後, 方可謂之止至善. 分而言之, 則於知亦有
箇至善, 於行亦有箇至善. 知到十分恰好處, 更無移易, 則謂之知
之止於至善. 行到十分恰好處, 更無遷動, 則謂之行之止於至善.
何害哉?

『栗谷先生文集』「與奇明彦」

[이 이 7] 원문 77

易有太極之太極, 水之本源也, 吾心之一太極, 水之在井者也, 事
物之太極, 水之分乎器者耳. 若以至善, 只作器中之水, 則是擧其
用遺其體也, 以中只作井中之水, 則是執其體而昧其用也, 皆不成
道理矣. 若曰至善與中, 同實而異指, 至善卽吾心與事物上本然之
中, 而專指正理而言, 中卽不偏不倚無過不及之正理. 而兼指德
行而言, 中庸之理, 是至善也, 中庸之行, 是止至善也. 中和, 是至
善之體用也, 致中和, 是止至善也. 如此立說, 方無病痛矣.

『栗谷先生文集』「答成浩原」

[이 이 8] 원문 78

主一無適, 敬之要法. 酬酢萬變, 敬之活法. 若於事物上, 一一窮
理, 而各知其當然之則, 則臨時應接, 如鏡照物, 不動其中, 東應西

答, 而心體自如, 因其平昔斷置事理分明故也. 不先窮理, 而每事臨時商量, 則商量一事時, 他事已蹉過, 安得齊頭應接? 譬如五色同現鏡中, 而鏡之明體, 不隨色變, 同時[缺]照. 敬之活法, 亦如是也. 此則動中功夫. 若於靜中, 則須於一事專心, 如讀書而思射鴻鵠, 便是不敬. 蓋靜中主一無適, 敬之體也. 動中酬酢萬變而不失其主宰者, 敬之用也. 非敬則不可以止於至善, 而於敬之中, 又有至善焉. 靜非枯木死灰, 動不紛紛擾擾, 而動靜如一, 體用不離者, 乃敬之至善也.

『栗谷先生文集』「上退溪李先生」

[이이 9] 원문 79

人君之急務, 莫先於明理. 理苟明矣, 則是非好惡, 咸得其正, 如燭照而權稱矣. 理有未明, 則是其所當非, 非其所當是, 好者未必善, 惡者未必惡, 終至於安其危利其災, 樂其所以亡者矣. 明理之後, 又以善斷爲貴. 如或知其是而不盡好之之道, 知其非而不盡惡之之道, 則無貴乎明理矣.

『栗谷先生文集』「疏箚 二·四十一箚」

[이이 10] 원문 80

羣策無救民之實者, 何謂也? 法久弊生, 害歸於民, 設策矯弊, 所以利民也. 聖敎有曰: "君依於國, 國依於民, 設百官分庶職, 只爲民生而已, 民旣擾蕩, 則國將何賴焉?" 臣伏讀再三, 不覺感激流

涕. 大哉! 王言. 一哉! 王心. 此眞安庶民回天怒之一大機也. 三代
以後, 能知君臣之職, 只爲民生者, 有幾君乎? 但徒善非法不推,
徒法非善不行. 殿下愛民之心, 固是如此, 而愛民之政, 猶有未擧.
羣下之獻策者, 只齊其末, 不揣其本, 故聽之若美, 行之無實.
『栗谷先生文集』「萬言封事」

[이이 11] 원문 81
易觀之, 九五曰: "觀我生, 君子無咎", 象曰 "觀我生, 觀民也", 程
子作傳曰 "九五居人君之位, 時之治亂, 俗之美惡, 係乎己而已.
若天下之俗皆君子矣, 則是己之所爲政化善也, 乃無咎矣. 若天
下之俗, 未合君子之道, 則是己之所爲政化未善, 不能免於咎也.
我生, 出於己者, 人君欲觀己之施爲善否, 當觀於民也." 由是觀
之, 人君是一國之本, 而治亂係焉. 君得其道, 而國不能治者, 必
無之理也. 今日之人心世道, 一至於此, 則 殿下之政化, 無乃未善
乎?
『栗谷先生文集』「應旨論事疏」

[이이 12] 원문 82
天地之化, 吾心之發, 無非氣發而理乘之也. 所謂氣發理乘者, 非
氣先於理也. 氣有爲而理無爲, 則其言不得不爾也. 夫理上, 不可
加一字, 不可加一毫修爲之力, 理本善也, 何可修爲乎? 聖賢之千
言萬言, 只使人檢束其氣, 使復其氣之本然而已. 氣之本然者, 浩

然之氣也. 浩然之氣, 充塞天地, 則本善之理, 無少掩蔽. 此孟子
養氣之論, 所以有功於聖門也. 若非氣發理乘一途, 而理亦別有
作用, 則不可謂理無爲也. 孔子何以曰:"以能弘道, 非道弘人乎?"
如是看破, 則氣發理乘一途, 明白坦然, 而或原或生, 人信馬足,
馬順人意之說, 亦得旁通而各極其趣.

『栗谷先生文集』「答成浩原」

[이이 13] 원문 83

朱子發於理發於氣之說, 意必有在. 而今者未得其意, 只守其說,
分開拖引, 則豈不至於輾轉失眞乎? 朱子之意, 亦不過曰'四端專
言理, 七情兼言氣'云爾耳, 非曰:"四端則理先發, 七情則氣先發
也."退溪因此而立論曰:"四端, 理發而氣隨之. 七情, 氣發而理乘
之", 所謂氣發而理乘之者, 可也. 非特七情爲然, 四端亦是氣發
而理乘之也. 何則, 見孺子入井, 然後乃發惻隱之心, 見之而惻隱
者, 氣也, 此所謂氣發也. 惻隱之本則仁也, 此所謂理乘之也. 非
特人心爲然, 天地之化, 無非氣化而理乘之也. 是故, 陰陽動靜, 而
太極乘之, 此則非有先後之可言也. 若理發氣隨之說, 則分明有
先後矣, 此豈非害理乎? 天地之化, 卽吾心之發也. 天地之化, 若
有理化者氣化者, 則吾心亦當有理發者氣發者矣, 天地旣無理化
氣化之殊, 則吾心安得有理發氣發之異乎? 若曰吾心異於天地之
化, 則非愚之所知也.

『栗谷先生文集』「答成浩原」

[이이 14] 원문 84

易曰: "寂然不動, 感而遂通", 雖聖人之心, 未嘗有無感而自動者也. 必有感而動, 而所感皆外物也. 何以言之? 感於父則孝動焉, 感於君則忠動焉, 感於兄則敬動焉, 父也君也兄也者, 豈是在中之理乎? 天下安有無感而由中自發之情乎? 特所感有正有邪, 其動有過有不及, 斯有善惡之分耳. 今若以不待外感由中自發者爲四端, 則是無父而孝發, 無君而忠發, 無兄而敬發矣. 豈人之眞情乎? 今以惻隱言之, 見孺子入井, 然後此心乃發, 所感者, 孺子也. 孺子非外物乎? 安有不見孺子之入井, 而自發惻隱者乎? 就令有之, 不過爲心病耳. 非人之情也. 夫人之性, 有仁義禮智信五者而已, 五者之外, 無他性. 情有喜怒哀懼愛惡欲七者而已, 七者之外, 無他情. 四端只是善情之別名, 言七情則四端在其中矣, 非若人心道心之相對立名也.

『栗谷先生文集』「答成浩原」

[이이 15] 원문 85

理, 形而上者也; 氣, 形而下者也. 二者不能相離, 旣不能相離, 則其發用一也, 不可謂互有發用也. 若曰'互有發用', 則是理發用時, 氣或有所不及, 氣發用時, 理或有所不及也. 如是則理氣有離合, 有先後, 動靜有端, 陰陽有始矣, 其錯不小矣. 但理無爲而氣有爲, 故以情之出乎本然之性, 而不掩於形氣者, 屬之理, 當初雖出於本然, 而形氣掩之者, 屬之氣. 此亦不得已之論也. 人性之本善

者, 理也, 而非氣則理不發, 人心道心, 夫孰非原於理乎? 非未發
之時, 亦有人心苗脈, 與理相對于方寸中也. 源一而流二, 朱子豈
不知之乎? 特立言曉人, 各有所主耳. 程子曰:"不是善與惡, 在性
中爲兩物相對, 各自出來." 夫善惡判然二物, 而尙無相對, 各自出
來之理, 況理氣之混淪不離者, 乃有相對互發之理乎? 若朱子眞
以爲理氣互有發用, 相對各出, 則是朱子亦誤也. 何以爲朱子乎?
『栗谷先生文集』「答成浩原」

[이 이 1 6] 원문 86

夫理者, 氣之主宰也; 氣者, 理之所乘也. 非理則氣無所根柢, 非
氣則理無所依著, 旣非二物, 又非一物. 非一物, 故一而二. 非二
物, 故二而一也. 非一物者, 何謂也? 理氣雖相離不得, 而妙合之
中, 理自理氣自氣, 不相挾雜, 故非一物也. 非二物者, 何謂也? 雖
曰理自理氣自氣, 而渾淪無間, 無先後無離合, 不見其爲二物, 故
非二物也. 是故, 動靜無端, 陰陽無始, 理無始, 故氣亦無始也. 夫
理, 一而已矣. 本無偏正通塞淸濁粹駁之異, 而所乘之氣, 升降飛
揚, 未嘗止息, 雜糅參差. 是生天地萬物, 而或正或偏, 或通或塞,
或淸或濁, 或粹或駁焉. 理雖一而旣乘於氣, 則其分萬殊, 故在天
地而爲天地之理, 在萬物而爲萬物之理, 在吾人而爲吾人之理. 然
則參差不齊者, 氣之所爲也. 雖曰氣之所爲, 而必有理爲之主宰,
則其所以參差不齊者, 亦是理當如此, 非理不如此而氣獨如此也.
『栗谷先生文集』「答成浩原」

7. 다산 정약용의 선: 선악 선택의 자율성

[정약용 1] 원문 87

今之爲性理之學者, 曰理曰氣曰性曰情曰體曰用, 曰本然氣質, 理發氣發, 已發未發, 單指兼指, 理同氣異, 氣同理異, 心善無惡, 心善有惡, 三幹五椏, 千條萬葉, 毫分縷析, 交嗔互嚷. 冥心默研, 盛氣赤頸, 自以爲極天下之高妙. 而東振西觸, 捉尾脫頭, 門立一幟, 家築一壘, 畢世而不能決其訟, 傳世而不能解其怨. 入者主之, 出者奴之, 同者戴之, 殊者伐之, 竊自以爲所據者極正, 豈不疎哉?
『與猶堂全書』「五學論一」

[정약용 2] 원문 88

先儒謂心統性情, 而以心爲氣, 則是謂氣統理氣, 恐不然也. 然理氣之說, 可東可西, 可白可黑, 左牽則左斜, 右挈則右斜, 畢世相爭, 傳之子孫, 亦無究竟.
『與猶堂全書』「答李汝弘」

[정약용 3] 원문 89

‘人皆有不忍人之心章’ 仁義禮智之名, 成於行事之後. 故愛人而後謂之仁, 愛人之先, 仁之名未立也. 善我而後謂之義, 善我之先, 義之名未立也. 賓主拜揖而後, 禮之名立焉, 事物辨明而後, 智之名立焉. 豈有仁義禮智四顆, 磊磊落落, 如桃仁·杏仁, 伏於人心之中者乎? 顏淵問仁, 子曰:"克己復禮爲仁." 明仁之爲物, 成於人功, 非賦生之初, 天造一顆仁塊, 插于人心也. 克己復禮之時, 豈不費 許多人力乎? (…) 總之, 端也者, 始也. 物之本末, 謂之兩端.

『與猶堂全書』「孟子要義 卷一 公孫丑 第二」

[정약용 4] 원문 90

'公都子曰告子曰性無善無不善章' 若其仁義禮智之名, 必成於行 事之後. 赤子入井, 惻隱而不往救, 則不可原其心而曰仁也. 簞食 嘑蹴, 羞惡而不棄去, 則不可原其心而曰義也. 大賓臨門, 恭敬而 不迎拜, 則不可原其心而曰禮也. 善人被讒, 是非而不辨明, 則不 可原其心而曰智也. 是知四心者, 人性之所固有也, 四德者, 四心 之所擴充也. 未及擴充, 則仁義禮智之名, 終不可立矣. 然而孟子 於此章, 直以四心爲四德者, 惻隱之心旣發, 未有不往救也, 羞惡 之心旣發, 未有不棄去也, 恭敬之心旣發, 未有不迎拜也, 是非之 心旣發, 未有不辨明也. 此人性本善之明驗. 故孟子以四德黏著 於四心, 與前篇不同. 雖然, 仁義禮智竟成於行事之後, 若以爲在 心之理, 則又非本旨.

『與猶堂全書』「孟子要義 卷二 告子 第六」

[정약용 5] 원문 91

然孟子性善之論, 非孟子創爲之也. 『詩』云:"民之秉彝, 好是懿 德." 此明明是性善之說. 而孔子又爲之勘斷曰:"爲此詩者, 其知道乎!"性善者, 先聖之本論, 非一家之私言也. 說得未備, 有是理乎? 必其原初性字之義, 所認不同, 故孟子之言, 終不能慊於心耳. 性者, 吾人之嗜好也. 先儒乃以爲靈體之專稱, 其無差殊乎? 若論靈體, 其本體虛明, 若無可惡之理, 特以其寓於形氣之故, 衆惡夢興, 交亂本體. 此本然·氣質之說, 所以不得不起也. 先儒所認之性, 與孟子所認之性, 不同.

『與猶堂全書』「心經密驗·心性總義」

[정약용 6] 원문 92

孟子曰: "口之於味, 有同嗜也, 易牙先得我口之所嗜者也. 如使口之於味也, 其性與人殊, 若犬馬之與我不同類也, 則天下何嗜皆從易牙之於味也? 至於味, 天下期於易牙, 是天下之口相似也." ○此孟子借形軀之嗜好, 以明本心之嗜好. 人之本心, 樂善恥惡, 卽所謂性善也. 老兄試看之. 其性與人殊之性字, 明明是口之性. 夫旣有口之性, 則耳之性目之性, 明亦皆有, 是則形軀嗜好, 亦可言性. 若後世所謂食性酒性, 非無據也. 書曰"節性唯日其邁", 禮記曰: "修六禮以節民性", 節性猶言節慾. 若是者明以形軀嗜好, 亦名爲性也.

『與猶堂全書』「答李汝弘」

[정약용 7] 원문 93

嗜好有兩端, 一以目下之耽樂爲嗜好, 如云: '雉性好山, 鹿性好野,猩猩之性好酒醴', 此一嗜也. 一以畢竟之生成爲嗜好, 如云'稻性好水, 黍性好燥, 蔥蒜之性好雞糞', 此一嗜也. 今論人性, 人莫不樂善而恥惡. 故行一善, 則其心充然以悅, 行一惡, 則其心欿然以沮. 我未嘗行善, 而人諛我以善則喜, 我未嘗無惡, 而人謗我以惡則怒. 若是者, 知善之可悅而惡之可愧也. 見人之善, 從而善之, 見人之惡, 從而惡之. 若是者, 知善之可慕而惡之可憎也. 凡此皆嗜好之顯於目下者也. 積善集義之人, 其始也俯仰無怍, 內省不疚. 積之彌久, 則心廣體胖, 睟然見乎面而盎乎背. 積之彌久, 則充充然有浩然之氣, 至大至剛, 塞乎天地之間. 於是富貴不能淫, 貧賤不能移, 威武不能屈. 於是神而化之, 與天地合其德, 與日月合其明, 遂成全德之人. 此其性宜於行善, 如稻宜於水種, 黍宜於旱種, 而蔥·蒜之壅雞糞也. 有一夫焉, 今日行一負心事, 明日行一負心事, 欿然內沮, 怛焉內疚. 自暴則曰吾事已誤, 自棄則曰吾復何望? 志爲之衰茶, 氣爲之摧蹙. 誘之以利, 則如犬豕之就牽, 怵之以威, 則如狐兔之屈伏, 憔悴枯萎, 索然以就死. 此其性有所拂逆夭閼, 而莫之成遂者, 故其病敗如是. 凡此皆嗜好之驗於畢竟者也. 天於賦生之初, 予之以此性, 使之違惡以趨善. 故人得以依靠此物, 以遵此路.

『與猶堂全書』「心經密驗·心性總義」

[정약용 8] 원문 94

竊謂心體虛靈, 妙應萬物, 不可名言, 惟其性樂善恥惡而已. 自其觸物感動者而言之, 則其可以爲樂善恥惡之證者, 可三可四可五可六可七可八. 孟子特於其中, 拈出四條曰: '某心某心', 以爲樂善恥惡之驗, 其實此四心之外, 尙有多心可以指數. 有人於此, 繼而言之曰: "蹈舞之心, 樂之端也; 黽勉之心, 勇之端也; 酬報之心, 信之端也", 其義未嘗不通. 可見樂與勇信, 亦根於人心, 不可曰: "人性之內, 無此三者之本也." 故孟子言仁義禮智, 兼言禮之實樂之實, 朱子以知仁勇三達德, 爲天下同得之理, 而信於四德, 本與爲五. 今必曰: "心體裏面, 唯有仁義禮智四顆, 磊磊落落, 伏爲奧根, 可四而不可三, 可四而不可五", 非通儒之慧識也.

『與猶堂全書』「答李汝弘」

[정약용 9] 원문 95

人無二性, 如稻性好水, 再無好燥之性, 黍性好燥, 再無好水之性. 先儒謂性有二, 一曰本然之性, 二曰氣質之性. 乃云: "本然之性, 純善而無惡, 氣質之性, 可善而可惡." 遂謂: '孟子單據本然之性, 不論氣質之性, 爲未備.'

『與猶堂全書』「心經密驗·心性總義」

[정약용 10] 원문 96

'子曰性相近也, 習相遠也, 子曰惟上知與下愚, 不移, 集注分爲二章', 苟使本然之性, 人物皆同, 則牛之足鈍, 固不能執筆寫字, 牛之脣訥, 固不能發言成章, 然其目猶足以辨黑白, 其耳亦足以辨聲寂, 試教之文字, 豈不點頭以示意乎? 人性之所包函博矣. 九流百家之書, 有能全誦而不錯者矣, 天文曆法象象之妙, 有能全悟而不滯者矣, 是果血氣之所能使乎? 是果憑物以存亡者乎? 何謂本然之性, 人物皆同也? 先儒謂孔子所言, 是氣質之性, 孟子所言, 乃本然之性, 而本然之性則人物皆同, 審如是也, 不特人皆可以爲堯舜, 凡物之得本然之性者, 亦皆可以爲堯舜, 豈可通乎?

『與猶堂全書』「論語古今註 卷九 陽貨」

[정약용 11] 원문 97

'子曰性相近也, 習相遠也, 子曰惟上知與下愚, 不移, 集注分爲二章', 天下之大善, 未必皆聰明敏慧, 天下之大惡, 未必皆聾瞽魯鈍, 則受天地淸明之氣者, 未必爲善人, 受天地濁穢之氣者, 未必爲惡人. 顏曾愚魯而成德, 儀衍辯慧而陷惡, 周勃·石奮其氣質大抵濁, 王莽·曹操其氣質大抵淸, 苟必以稟受之淸濁, 爲善惡之所以然, 則違於實者多矣. 受淸氣而爲上知, 則是不得不然之善也, 何足爲善? 受濁氣而爲下愚, 則是不得不然之惡也, 何足爲惡? 氣質能使人慧鈍, 不能使人善惡, 有如是矣. 孟子謂堯舜與人同, 誠以舜之所以爲舜, 在乎孝友, 不在乎璿璣玉衡. 今使天下之人, 人人皆推究曆理, 以作璣衡, 則望門視色, 駭而走者多矣. 今使天下之人, 人人皆孝友如舜, 則雖至鈍甚濁之氣質, 未可曰行不得而力不足, 特自 而不肯爲耳. 則孟子謂人皆可以爲堯舜, 豈一毫過情之言哉? 氣質之於善惡, 其不相關如此, 則氣質之說, 雖廢之可也.

『與猶堂全書』「論語古今註 卷九 陽貨」

[정약용 1 2] 원문 98

'滕文公爲世子孟子言必稱堯舜章', 天於賦生之初, 予之以此性,
使之率而行之, 以達其道. 若無此性, 人雖欲作塵刹之善, 畢世不
能作矣. 天旣賦之以此性, 故又能時時刻刻提醒牖啓, 每遇作惡,
一邊發慾, 一邊沮止, 明沮止者, 卽本性所受之天命也. 天命之謂
性, 非是之謂乎? 若所謂善惡渾者, 天之賦性旣如此, 則人之行
善, 如水之就下, 火之就上, 不足爲功能. 故天之於人, 予之以自主
之權, 使其欲善則爲善, 欲惡則爲惡, 游移不定, 其權在己, 不似
禽獸之有定心. 故爲善則實爲己功, 爲惡則實爲己罪. 此心之權
也, 非所謂性也, 揚雄誤以爲性, 故乃謂之善惡渾, 非初無是事而
揚雄誣之也. 蠭之爲物, 不得不衛君, 而論者不以爲忠者, 以其爲
定心也. 虎之爲物, 不得不害物, 而執法者不引律議誅者, 以其爲
定心也. 人則異於是, 可以爲善, 可以爲惡, 主張由己, 活動不定.
故善斯爲功, 惡斯爲罪. 然且可善可惡之理, 旣已參半, 則其罪似
當末減, 所以作孽之不敢逭者, 以性善也. 性之樂善恥惡, 旣眞確
矣, 拂此性而爲惡, 罪其可逭乎.
『與猶堂全書』「孟子要義 卷一 滕文公 第三」

[정약용 1 3] 원문 99

然人之罪惡, 槩由於食·色·安逸之慾, 斯固形氣之所使. 亦或有

大惡巨慝, 起於自心, 而與食·色·安逸, 絶不相涉者. 若是者, 將焉咎之? 張霸·梅賾僞造『尙書』, 上誣先聖, 下罔千世, 其心非求食也. 毛奇齡心嫉朱子, 舞文飾舌, 無所不爲, 以自陷於詖險之惡, 其心非求色也. 金聖歎作爲盜書·淫書, 以蠱惑人心, 流毒遐邇, 其心非求四體之安逸也. 今人或爭經義, 或辨道理, 盛氣發怒, 罵詈相加, 或文章相猜, 橫加忮害, 雖以此陷身嬰禍, 而莫之恤焉, 其心非求益於形氣也. 且凡驕傲之病, 不出於形氣. 余於刑曹, 閱諸道殺獄檢案, 諸凡殺獄, 悉由於財·酒·色·氣四者. 其由氣殺人者, 或於食·色·安逸, 皆無所當, 若言語爾·汝之類, 倉卒發怒, 當下殺人者甚多. 若是者却與形軀無涉, 安得每以形軀爲咎哉?
『與猶堂全書』「心經密驗·心性總義」

[정약용 14] 원문 100

中者, 至善之所在也. 有極大極厚而得中者, 有極小極薄而得中者. ○惡者, 過·不及之論也. 善者, 得中之論也.
『與猶堂全書』「中庸自箴·中庸自箴一」

[정약용 15] 원문 101

夫善與惡對, 未盡善則歸於惡而已. 善之與惡, 如陰陽黑白. 非陽則陰, 非白則黑, 陰陽之間無非陰非陽之物, 黑白之間無非白非黑之色. 旣未盡善, 明有一分惡根, 未及盡去者也. 有甕焉, 全體皆好, 惟一孔有漏, 終是破甕. 有人焉, 全體皆好, 惟一惡未去, 終是

惡人. 此善惡剖判之法也. 況湯·武之事, 不是小節. 善則爲大善,
惡則爲大惡. 居善而帶小惡? 無是理也. 若帶小惡, 明非聖人, 若
非聖人, 必歸大惡, 烏可模糊言之.
『與猶堂全書』「論語古今注 卷二 八佾 下」

선善, 그리고 악惡의 논쟁

더 읽어볼 책

평유란, 정인재 옮김, 『중국철학사』, 형설출판사, 1990

윤사순, 『조선, 도덕의 성찰: 조선 시대 유학의 도덕철학』, 돌베개, 2010

고려대 민족문화연구원, 『자료와 해설, 한국의 철학사상』, 예문서원, 2001

황경식, 『덕윤리의 현대적 의의』, 아카넷, 2012

안평친, 김기협 옮김, 『공자 평전: 권위와 신화의 옷을 벗은 인간 공자를 찾아서』, 돌베개, 2010

시라카와 시즈카, 장원철·정영실 옮김, 『공자전: 반체제 인사의 리더 성인이 되기까지 우리가 몰랐던 공자 이야기』, 펄북스, 2016

채인후, 천병돈 옮김, 『맹자의 철학』, 예문서원, 2000

우치야마 도시히코, 석하고전연구회 옮김, 『순자 교양 강의』, 돌베개, 2013

김철운, 『순자와 인문세계』, 서광사, 2003

미우라 쿠니오, 이승연·김영식 옮김, 『인간 주자』, 창작과비평사, 1996

진래, 이종란 외 옮김, 『주희의 철학』, 예문서원, 2002

시마다 겐지, 김석근 옮김, 『주자학과 양명학』, 까치, 1992

이상은, 『퇴계의 생애와 학문』, 예문서원, 1999

윤사순,『퇴계 이황의 철학』, 예문서원, 2013

금장태,『성학십도와 퇴계철학의 구조』, 서울대출판부, 2001

장숙필,『율곡 이이의 성학연구』, 고려대출판부, 1992

예문동양사상연구원,『다산 정약용』, 예문서원, 2005

공자, 김형찬 옮김,『논어』, 홍익출판사, 1999

맹자, 박경환 옮김,『맹자』, 홍익출판사, 1999

주희, 허탁·이요성 옮김,『주자어류』, 청계, 1999

이황, 윤사순 옮김,『퇴계선집』, 현암사, 1999

이이, 오항녕 옮김,『율곡의 경연일기』, 너머북스, 2016

정약용, 이지형 옮김,『논어고금주』, 사암, 2010

정약용, 이광호·김성경 외 옮김,『대학공의·대학강의·소학지언·심경밀험』, 사암, 2016

선善, 그리고
악惡의 논쟁

ⓒ 김근호

초판 인쇄	2017년 12월 19일
초판 발행	2017년 12월 26일

지은이	김근호
펴낸이	강성민
편집장	이은혜
편집	박은아 곽우정 김지수 이은경
편집보조	임채원
마케팅	이숙재 정현민
홍보	김희숙 김상만 이천희

펴낸곳	(주)글항아리	출판등록 2009년 1월 19일 제406-2009-000002호
주소	10881 경기도 파주시 회동길 210
전자우편	bookpot@hanmail.net
전화번호	031-955-1936(편집부) 031-955-8891(마케팅)
팩스	031-955-2557

ISBN 978-89-6735-472-5 03100

글항아리는 (주)문학동네의 계열사입니다.

이 도서의 국립중앙도서관 출판시도서목록(CIP)은 서지정보유통지원시스템 홈페이지(http://seoji.nl.go.kr)와 국가자료공동목록시스템(http://www.nl.go.kr/kolisnet)에서 이용하실 수 있습니다. (CIP제어번호 : CIP2017034185)